Sehen · Staunen · Wissen

KATZEN

Jaguar

Serval

Löwe mit Krone auf einer Schmuckplatte (Limoges, 12. Jh.)

Tabby-Katze

Tiger

Kachel mit dem Löwen als Wahrzeichen des Evangelisten Markus (19. Jh.)

Sehen · Staunen · Wissen

Junge Abessinier

KATZEN

Die schönsten und interessantesten Arten
Aussehen, Lebensweise, Sinnesleistungen

Text von Juliet Clutton-Brock

Abessinier

Ozelot

Maine Coon

Schwarzer Panther

Creme-weiße Hauskatze

Gerstenberg Verlag

Pumawelpe

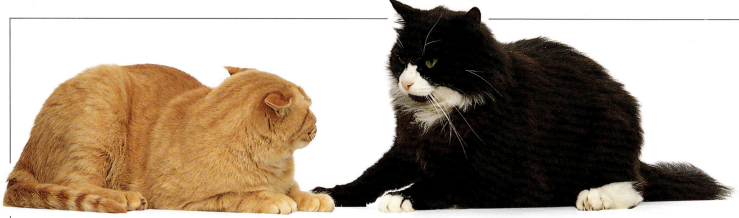

Creme-gestromte Katze

Schwarz-weiße Hauskatze

Rotluchs

Frühgriechische goldene Kettenplatte

Die Deutsche Bibliothek – CIP-Einheitsaufnahme

Katzen: die schönsten und interessantesten Arten; Aussehen, Lebensweise, Sinnesleistungen / Text von Juliet Clutton-Brock. [Fotogr.: Dave King]. – Hildesheim: Gerstenberg, 1992
(Sehen, Staunen, Wissen)
Einheitssacht.: Cats <dt.>
ISBN 3-8067-4427-0
NE: Clutton-Brock, Juliet; King, Dave; EST

Ein Dorling Kindersley Buch
Originaltitel: Eyewitness Guides: Cat
Copyright © 1991 Dorling Kindersley Ltd., London
Lektorat: Gillian Denton, Helen Parker
Layout und Gestaltung: Thomas Keenes, Julia Harris
Herstellung: Louise Barratt;
Bildredaktion: Diana Morris
Fotografie: Dave King, Philip Dowell, Colin Keates

Aus dem Englischen übersetzt und bearbeitet von Margot Wilhelmi, Sulingen
Deutsche Ausgabe Copyright © 1992 Gerstenberg Verlag, Hildesheim

Alle Rechte der Vervielfältigung und Verbreitung einschließlich Film, Funk und Fernsehen sowie der Fotokopie, Mikrokopie und der Verarbeitung mit Hilfe der EDV vorbehalten. Auch auszugsweise Veröffentlichungen außerhalb der engen Grenzen des Urheberrechts- und Verlagsgesetzes bedürfen der schriftlichen Zustimmung des Verlages.

Satz: Gerstenberg Druck GmbH, Hildesheim
Printed in Singapore
ISBN 3-8067-4427-0

Löwe

Puma

Inhalt

Leopard

Was ist eine Katze?
6
Die ersten Katzen
8
Die Katzenfamilie
10
Katzenknochen
12
Katzenkörper
14
Katzensinne
16
Wendige Wesen
18
Katzenwäsche
20
Katz und Maus
22
Kinderstube
24
Typisch Katze
26
Der König der Tiere
28
Der Tiger
30
Kletterkatzen
32
Der Jaguar
34
Gebirgsjäger
36
Wüstenwanderer
38
Waldkatzen
40
Windhundkatze
42
Katzenverwandtschaft
44
Die Zähmung der Katze
46
Mythen und Märchen
48
Edelkatzen
50
Kurzhaarkatzen
52
Langhaarkatzen
56
Kuriositätenkabinett
58
Straßenkater
60
Katzenpflege
62
Register
64

Was ist eine Katze?

GUT ODER BÖSE?
In unserem Kulturkreis stellen Katzen oft gute oder böse Mächte dar. In dieser Szene (19. Jh.) kämpfen ein guter und ein böser Katzengeist vor einem Industriegebiet um die Seele einer Katzenfrau.

Unsere Hauskatzen gehören ebenso wie Löwen, Tiger und die vielen anderen Wildkatzen zur Familie *Felidae* aus der Säugetierordnung der Raubtiere. Wie alle Wirbeltiere besitzen die Katzen ein Innenskelett. Die Beine befinden sich unter dem Körper: eine Anpassung an schnelles Laufen. Als Säuger besitzen die Katzen ein vierkammeriges Herz, sie können ihre Körpertemperatur auf 37°C regulieren, und die Weibchen säugen ihre Jungen mit Milch aus besonderen Milchdrüsen. Die Zugehörigkeit zu den Raubtieren läßt sich am Gebiß erkennen: Katzen sind Fleischfresser. Trotz der gewaltigen Größenunterschiede in dieser Familie von der Hauskatze bis zum Sibirischen Tiger gleichen sich die Katzen in Aussehen und Verhalten. Das weiche Fell der wendigen Katzen weist oft eine schöne Flecken- oder Streifenzeichnung auf, sie besitzen spitze Ohren und große, scharfe Augen. Die meisten Katzen leben und jagen allein. Einzelgänger können allerdings nur kleinere Beutetiere erlegen. Löwen aber, deren Beute oft größer ist als sie selbst, jagen in Rudeln (S. 28-29). Die Hauskatze ist eines der beliebtesten Haustiere, denn sie ist nicht nur schön, sondern auch anschmiegsam, intelligent und verspielt.

TARNUNG
Dieser Jaguar ist gut getarnt. Die Flecken und Streifen des Katzenfells dienen der Auflösung der Körperumrisse in verschiedenen Lebensräumen. Flecken und Streifen machen ihre Besitzer in Wald oder Steppe unsichtbar.

GEMÄSS DER SCHRIFT
Um das Jahr 700 entstand in Northumbria eine sächsische Bibel. Die aufwendigen Verzierungen dieser *Lindisfarne Gospels* enthalten viele Katzenmotive: Katzen waren schon damals beliebte Haustiere.

ÜBERLEBENS-KÜNSTLER
Hauskatzen sind sehr anpassungsfähig. Sie können im heißen Afrika ebenso leben wie im kalten Grönland, in Palästen ebenso wie in alten Scheunen. Hauskatzen sind die einzigen Katzen, die sich in menschlicher Obhut wohlfühlen und erfolgreich vermehren. Doch auch Geparden kann man zähmen.

Die Tigerstreifen dieser Hauskatze sind von den wilden Vorfahren ererbte Merkmale.

Die Schnurrhaare sind Tastsinnesorgane, mit denen sich die Katzen im Dunkeln zurechtfinden.

KATZE AUS KATZEN
Während man Katzen im christlichen Abendland oft in den Bereich der schwarzen Magie rückte, galten sie im Fernen Osten meist als gute Zauberinnen. Diese japanische Darstellung eines Katzenkopfs besteht aus vielen Einzelkatzen – Ausdruck der Eigenwilligkeit dieser Tiere.

Die Mähne unterscheidet den Löwen von der Löwin. Bei anderen Katzenarten gibt es solche sekundären Geschlechtsunterschiede nicht.

GESELLSCHAFTSFÄHIG
Der Löwe ist die einzige Katze mit ausgeprägtem Sozialleben. Dadurch, daß Löwen in Rudeln jagen, können sie auch große Beutetiere wie Gnus und Zebras erlegen. Wie alle Katzen schleichen sich Löwen an ihre Beute heran, springen sie dann an und töten sie durch einen Biß ins Genick (S. 28-29).

Abgesehen vom Geparden (S. 42-43) können alle Katzen ihre Krallen in Knochenscheiden zurückziehen.

DIE KATZE GEHT IHRE EIGENEN WEGE
Rudyard Kipling beschreibt in dieser Geschichte den Zwiespalt zwischen menschlicher Tierliebe und dem einzelgängerischen, eigenwilligen Charakter der Katze.

Die ersten Katzen

Schon vor Jahrmillionen lebten Katzen auf der Erde, von denen einige wesentlich größer und furchterregender waren als irgendeine heute lebende Art. Die ältesten Katzenfossilien stammen aus dem Eozän und sind etwa 50 Millionen Jahre alt. Aus diesen Stammformen entstanden die Vertreter der heutigen Katzengruppen: Die Kleinkatzen, zu denen z.B. die Hauskatze gehört, sind mit über fünf Millionen Jahren älter als die Großkatzen wie Löwen und Tiger, die erst vor etwa zwei Millionen Jahren entstanden. Eine weitere Entwicklungslinie führte zu den heute ausgestorbenen Säbelzahnkatzen. Man nimmt an, daß sie mit ihren klingenartigen Eckzähnen die Kadaver verendeter Tiere aufschlitzten und sich von Aas ernährten, denn für gewandte Jäger war ihr Knochenbau zu plump. Am bekanntesten ist der amerikanische Säbelzahntiger *Smilodon*.

TEERFOSSILIEN
In der Eiszeit fanden Tausende von Tieren in den Asphaltsümpfen von La Brea (Los Angeles) den Tod. Im Teer fand man unter anderem 2000 *Smilodon*-Säbelzahntiger. Sie waren auf der Jagd ebenso wie ihre Beute im trügerischen Untergrund versunken und blieben auf diese Weise erhalten.

Die Zahnwurzel des Säbelzahns reicht fast bis zum Auge

Große Schneidezähne zum Abbeißen von Fleischbrocken

Riesige Säbelzähne zum Aufschlitzen der Beute

BEUTELKATZE
Thylacosmilus sah zwar aus wie eine Säbelzahnkatze, war allerdings mit der Katzenfamilie nicht verwandt. Er gehörte zu den Beuteltieren, die vor etwa 5 Millionen Jahren, im Pliozän, in Südamerika mit vielen Arten weit verbreitet waren.

Ständig weiterwachsender oberer Eckzahn

Die großen Dolchzähne besaßen eine knöcherne Scheide im Unterkiefer.

Eine künstlerische Rekonstruktion von Thylacosmilus

AM PASSENDEN ORT
Die Siegessäule am Londoner Trafalgar Square wird von Löwen des Bildhauers Edwin Landseer (1802-1873) umgeben. An der Stelle, wo heute im Herzen der Großstadt Landseers Löwen sitzen, fand man die Knochen ausgestorbener Löwen, die in der Eiszeit die britische Insel auf der Jagd nach Wisenten und Wildpferden durchstreiften.

SMILODON
Diese große Säbelzahnkatze lebte in offenen Steppen. Wie heutige Löwen lebte und jagte *Smilodon* in Familienverbänden große Beutetiere wie Bison und Mammut. Diese Säbelzahnkatze starb erst in der letzten Eiszeit, vor etwa 14.000 Jahren, aus.

Nachbildung eines *Smilodon*. Seine Fellfarbe bleibt ein Rätsel.

MIACIS
Miacis, ein ferner Vorfahr der Katzenfamilie, glich einem Baummarder, hatte aber längere Beine. Er lebte wahrscheinlich in den Tropenwäldern des Eozäns, vor etwa 50 Millionen Jahren. Die Fossilfunde stammen aus Deutschland.

Smilodon besaß nur ein kleines Gehirn. Den größten Teil des Schädels machten Kiefer und Zähne aus.

DOLCHMÖRDER?
Bei *Smilodon* ragten die oberen Eckzähne weit über den Unterkiefer herab. Früher meinte man, die Säbelzahnkatzen hätten als gewaltige Jäger ihre Beute, große behäbige Tiere wie Mammuts, mit den langen Zähnen erdolcht. Doch mit niedrigen Hinterbeinen und kurzem Schwanz waren sie keine guten Springer, sondern ähnelten in ihrer Lebensweise eher Hyänen.

Relativ schwacher Unterkiefer

DINICTIS
Dinictis glich einem *Hoplophoneus*, war aber kleiner, etwa so groß wie ein heutiger Serval. Wahrscheinlich jagte er wie dieser in der Steppe. Fossilfunde stammen aus Süddakota in den USA.

Säbelzahn

HOPLOPHONEUS
Eine der ältesten ausgestorbenen Katzen ist *Hoplophoneus*. Er lebte vor etwa 35 Millionen Jahren, im Oligozän, in Nordamerika. *Hoplophoneus* war nur entfernt mit *Smilodon* verwandt, besaß aber ebenfalls säbelartige Eckzähne.

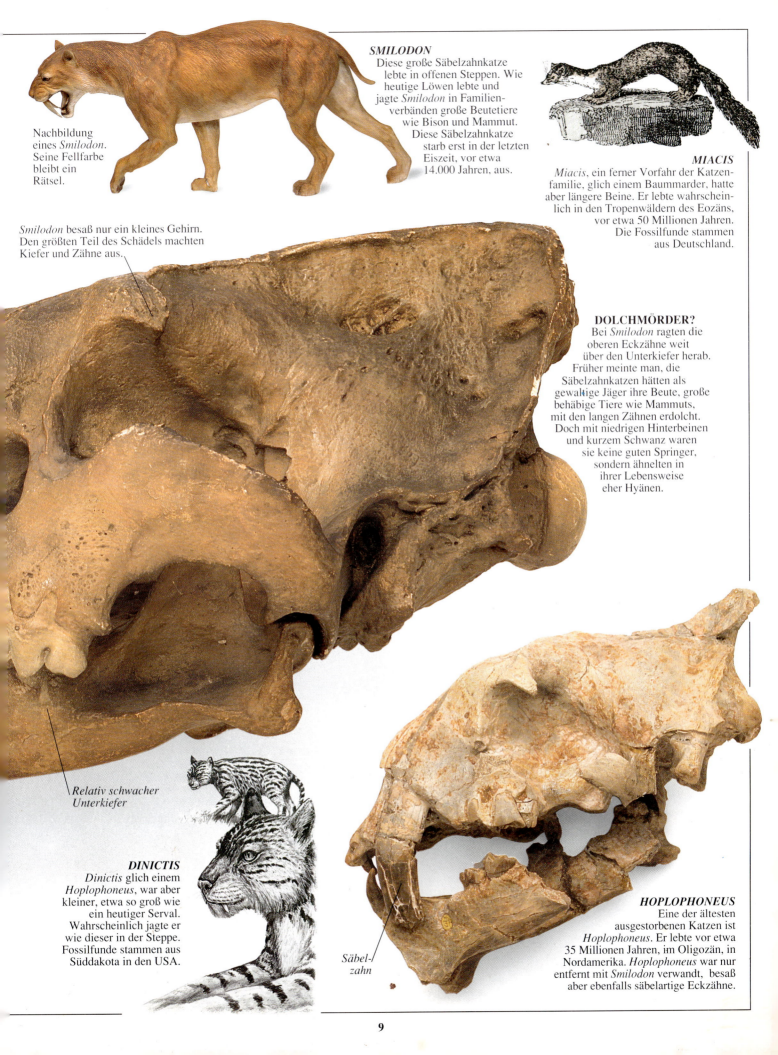

Die Katzenfamilie

Alle Raubtiere leben als Jäger vom Fleisch anderer Tiere. Deshalb faßt man Marder, Bären, Hunde, Hyänen, und Katzen zur ca. 200 Arten umfassenden Ordnung der Raubtiere (*Carnivora*) zusammen. Innerhalb der Familie der Katzen unterscheidet man vier Gruppen: die Kleinkatzen mit 28 Arten, zu denen auch die Hauskatze, aber auch so unterschiedliche Arten wie Schwarzfußkatze und Puma gehören; die Großkatzen (Löwe, Tiger, Jaguar, Leopard und Schneeleopard); und zwei Gruppen, die jeweils nur eine Art umfassen: Gepard und Nebelparder. Katzen sind behende Jäger. Sie haben hochentwickelte Sinne und scharfe Zähne, und sie sind die am meisten auf Fleischnahrung spezialisierten Vertreter der Raubtiere. Mit Ausnahme Australasiens, wo sie eingeschleppt wurden, ist diese Familie ursprünglich überall auf der Erde verbreitet. Die Kleinkatzen unterscheiden sich von den Großkatzen nicht nur in ihrer Größe. Kleinkatzen können auch nicht brüllen. Unsere Hauskatze stammt von einer kleinen Wildkatzenart ab, *Felis silvestris*, die man auch heute noch in manchen Teilen Europas, Asiens und Afrikas findet.

URSPRUNG DER ARTEN
Der schwedische Botaniker Carl von Linné (1707-1778) führte die lateinischen Doppelnamen für Tiere und Pflanzen ein. Die Hauskatze nannte er *Felis catus*, den Löwen *Felis leo*.

PUMA
Die ersten Siedler in Amerika hielten den Puma oder Silberlöwen für einen Löwen, der seine Mähne verloren hatte. Doch er zählt trotz seiner Größe zu den Kleinkatzen, er schnurrt und faucht wie eine große Hauskatze.

ROTLUCHS
Der Rotluchs ist die häufigste Wildkatze Nordamerikas und gehört zur Gattung der Luchse, wenngleich er nicht so lange Ohren hat wie der europäische Nordluchs.

HAUSKATZE
Es gibt heute fast so viele Hauskatzenrassen wie Hunderassen. Sie alle stammen von der Wildkatze ab.

Kleinkatzen

Zu den Kleinkatzen gehören die kleineren Wildkatzen sowie die Hauskatze. Sie sind alle Einzelgänger und jagen vorwiegend nachts. Kleinkatzen findet man weltweit in ganz unterschiedlichen Lebensräumen. Leider wurden viele Arten wegen ihres herrlichen Fells fast ausgerottet.

Großkatzen

Großkatzen stehen an der Spitze der Nahrungspyramide und brauchen viel Fleisch. Daher benötigen sie für eine ausreichende Ernährung größere Reviere und sind deshalb seltener als kleinere Arten, die leichter Beute finden.

FILMSTAR
Der Löwe steht oft als Zeichen für Qualität. Hier wird der bekannte brüllende Löwe für die Metro-Goldwyn-Meyer-Filme aufgenommen.

TIGER
Der Tiger ist die größte und schwerste aller Katzen. Sein Verbreitungsgebiet erstreckt sich vom tropischen Indien bis zum arktischen Sibirien.

Sonderlinge

Nebelparder und Gepard unterscheiden sich deutlich von den anderen Katzenarten. Der Nebelparder ist sehr groß, in Verhalten und Schädelbau ähnelt er den Großkatzen, ansonsten aber den Kleinkatzen, und er brüllt nicht nach Großkatzenart. Der Gepard ist der einzige Hetzjäger unter den Katzen; alle anderen Arten schleichen sich an.

NEBELPARDER
Der vom Aussterben bedrohte, scheue Nebelparder lebt in den Wäldern Südostasiens. Er ist ein wahrer Kletterkünstler und jagt in den Bäumen Hörnchen, Affen und andere Tiere.

GEPARD
Im Gegensatz zu den anderen Katzen kann der Gepard seine Krallen nicht in Scheiden zurückziehen und ist ein Hetzjäger. Aufgrund seiner enormen Geschwindigkeit kann er neben den anderen Raubtieren in den afrikanischen Steppen bestehen.

Frühe Katzenvorfahren

Rudeljäger　Einzelgänger

Schleichjäger　Hetzjäger

Andere Groß-　Nebel-　Klein-　Gepard
Löwe　katzen　parder　katzen

KATZENSTAMMBAUM
Die Verwandtschaftsverhältnisse und die Entwicklungsgeschichte der einzelnen Katzenarten sind noch nicht vollständig geklärt. In diesem Schema wird der Gepard aufgrund seiner Jagdmethode von den übrigen Katzen abgetrennt. Doch auch bei der Jagd gibt es Parallelen. So springen alle Katzen ihr Opfer an und töten es durch einen Biß in den Hals, ganz gleich ob sie sich vorher angeschlichen oder die Beute gehetzt haben.

Katzenknochen

Das Katzenskelett besteht aus etwa 250 Knochen. Zum einen stützt und schützt es die Weichteile des Körpers, zum anderen ermöglicht es die Wendigkeit dieser Tiere. Der Schädel zeigt bei allen Katzen Anpassungen an ein räuberisches Leben, die Beute kann nicht nur gerissen, sondern auch in kürzester Zeit verschlungen werden, ehe andere Raubtiere sie stehlen können. Die Augenhöhlen sind groß und rund; ihre Stellung ermöglicht ein weites Gesichtsfeld. Die Ohrenpartie des Schädels ist stark ausgeprägt, und die kurzen Kiefer lassen sich weit öffnen. Katzen töten ihre Beute durch Bisse mit ihren langen Eckzähnen. Sie kauen ihre Nahrung nicht und fressen auch keine Knochen, so daß sie nicht so viele Zähne wie die Hunde benötigen.

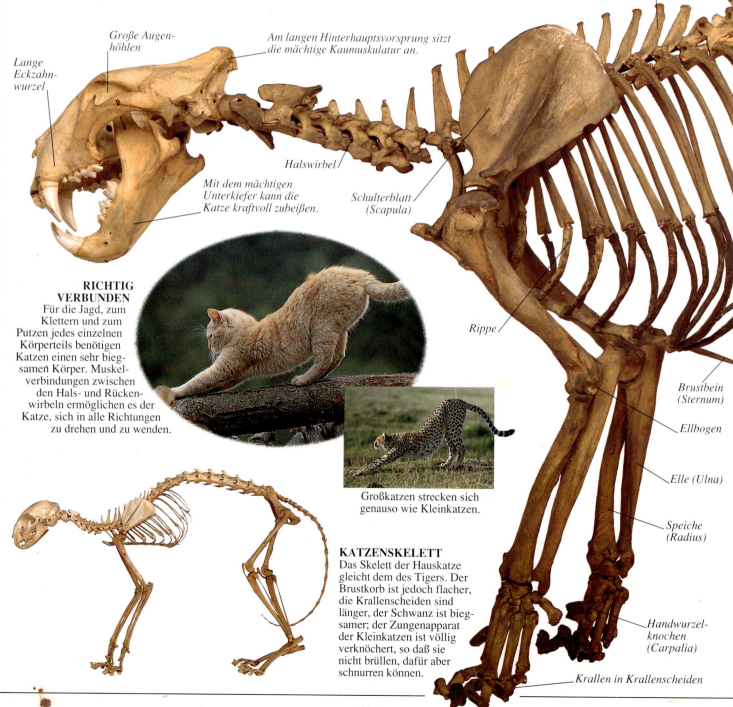

AUF DER PIRSCH
Dieser Schneeleopard zeigt angriffslustig seine Zähne.

Lange Eckzahnwurzel

Große Augenhöhlen

Am langen Hinterhauptsvorsprung sitzt die mächtige Kaumuskulatur an.

Mit dem mächtigen Unterkiefer kann die Katze kraftvoll zubeißen.

Halswirbel

Schulterblatt (Scapula)

Brustwirbel mit langem Dornfortsatz

Rippe

Brustbein (Sternum)

Ellbogen

Elle (Ulna)

Speiche (Radius)

Handwurzelknochen (Carpalia)

Krallen in Krallenscheiden

RICHTIG VERBUNDEN
Für die Jagd, zum Klettern und zum Putzen jedes einzelnen Körperteils benötigen Katzen einen sehr biegsamen Körper. Muskelverbindungen zwischen den Hals- und Rückenwirbeln ermöglichen es der Katze, sich in alle Richtungen zu drehen und zu wenden.

Großkatzen strecken sich genauso wie Kleinkatzen.

KATZENSKELETT
Das Skelett der Hauskatze gleicht dem des Tigers. Der Brustkorb ist jedoch flacher, die Krallenscheiden sind länger, der Schwanz ist biegsamer; der Zungenapparat der Kleinkatzen ist völlig verknöchert, so daß sie nicht brüllen, dafür aber schnurren können.

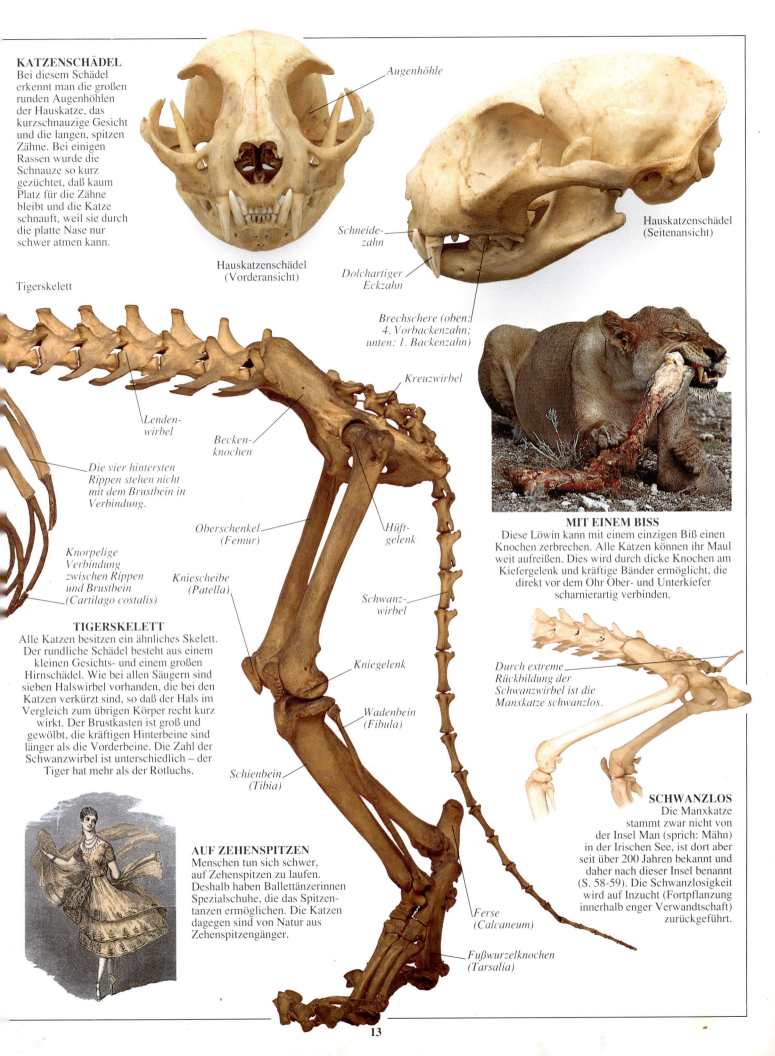

KATZENSCHÄDEL
Bei diesem Schädel erkennt man die großen runden Augenhöhlen der Hauskatze, das kurzschnauzige Gesicht und die langen, spitzen Zähne. Bei einigen Rassen wurde die Schnauze so kurz gezüchtet, daß kaum Platz für die Zähne bleibt und die Katze schnauft, weil sie durch die platte Nase nur schwer atmen kann.

Hauskatzenschädel (Vorderansicht)

Augenhöhle
Schneidezahn
Dolchartiger Eckzahn
Hauskatzenschädel (Seitenansicht)
Brechschere (oben: 4. Vorbackenzahn; unten: 1. Backenzahn)

Tigerskelett

Lendenwirbel
Beckenknochen
Kreuzwirbel
Die vier hintersten Rippen stehen nicht mit dem Brustbein in Verbindung.
Knorpelige Verbindung zwischen Rippen und Brustbein (Cartilago costalis)
Oberschenkel (Femur)
Hüftgelenk
Kniescheibe (Patella)
Schwanzwirbel
Kniegelenk
Wadenbein (Fibula)
Schienbein (Tibia)
Ferse (Calcaneum)
Fußwurzelknochen (Tarsalia)

MIT EINEM BISS
Diese Löwin kann mit einem einzigen Biß einen Knochen zerbrechen. Alle Katzen können ihr Maul weit aufreißen. Dies wird durch dicke Knochen am Kiefergelenk und kräftige Bänder ermöglicht, die direkt vor dem Ohr Ober- und Unterkiefer scharnierartig verbinden.

Durch extreme Rückbildung der Schwanzwirbel ist die Manxkatze schwanzlos.

TIGERSKELETT
Alle Katzen besitzen ein ähnliches Skelett. Der rundliche Schädel besteht aus einem kleinen Gesichts- und einem großen Hirnschädel. Wie bei allen Säugern sind sieben Halswirbel vorhanden, die bei den Katzen verkürzt sind, so daß der Hals im Vergleich zum übrigen Körper recht kurz wirkt. Der Brustkasten ist groß und gewölbt, die kräftigen Hinterbeine sind länger als die Vorderbeine. Die Zahl der Schwanzwirbel ist unterschiedlich – der Tiger hat mehr als der Rotluchs.

SCHWANZLOS
Die Manxkatze stammt zwar nicht von der Insel Man (sprich: Mähn) in der Irischen See, ist dort aber seit über 200 Jahren bekannt und daher nach dieser Insel benannt (S. 58-59). Die Schwanzlosigkeit wird auf Inzucht (Fortpflanzung innerhalb enger Verwandtschaft) zurückgeführt.

AUF ZEHENSPITZEN
Menschen tun sich schwer, auf Zehenspitzen zu laufen. Deshalb haben Ballettänzerinnen Spezialschuhe, die das Spitzentanzen ermöglichen. Die Katzen dagegen sind von Natur aus Zehenspitzengänger.

Katzenkörper

Katzen gehören zu den gewandtesten und geschicktesten Raubtieren. Sie können schnell reagieren, schnell töten, und – um anderen Räubern nicht zu unterliegen – schnell fressen. Katzen sind sehr intelligent, deshalb ist bei ihnen der Gehirnschädel auch so groß. Durch die Spezialisierung auf leicht verwertbare Fleischnahrung ist der Darm recht kurz. Der Magen ist sehr dehnbar: Wenn eine Katze Beute gemacht hat, verschlingt sie große Mengen Fleisch auf einmal. Das reicht dann oft für mehrere Tage aus. Mit der rauhen Zunge kann sie Fleisch von den Knochen schaben und ins Maul ziehen (S. 20-21). Katzen besitzen zwar Schweißdrüsen, doch nur an den nicht vom dichten Pelz bedeckten Fußsohlen und an der Schnauze können sie auch wirklich schwitzen und Wärme abgeben. Männliche Katzen besitzen große Analdrüsen, die einen stechenden Geruch verbreiten, so daß viele Menschen ihre Kater allein deshalb kastrieren lassen.

ERBKRANKHEIT
Das lockige Fell dieser Rexkatze ist eigentlich ein Erbfehler, der durch zufällige Veränderung des Erbgutes entstanden ist. Durch Inzucht kommen solche Mutationen bei den Nachkommen zum Vorschein.

FLEHMEN
Dieser Löwe flehmt: er wirft den Kopf in den Nacken, öffnet das Maul und zieht die Oberlippen zurück, um herauszufinden, ob ein läufiges Weibchen in der Nähe ist (S. 16-17). Im Gegensatz zu uns besitzen Löwen noch ein Jakobsonsches Organ im Gaumendach, mit dem sie wie Schlangen „riechen" können.

Katzenfell

Der Pelz hält die Katze warm, dient der Tarnung und trägt den persönlichen Duft. Die Tasthaare dienen der Orientierung (S. 16-17). Alle Wildkatzen besitzen ein Doppelfell: der wollige Unterpelz wird von längeren, drahtigeren Grannenhaaren überdeckt. Dieser Überpelz trägt das arttypische Tupfen- oder Streifenmuster.

SONNEN- UND KATZENFLECKEN
Durch sein geflecktes Fell ist der Leopard im Licht- und Schattenspiel des Steppengebüschs schwer zu erkennen. Nur die gelben Augen leuchten und bewegen sich, damit ihnen keine Chance entgeht, fette Beute zu machen.

PELZPARADE
Im direkten Vergleich kann man die Fellzeichnungen der sechs Arten leicht unterscheiden. Man kann sich auch leicht vorstellen, warum diese Felle seit Jahrhunderten zu Pelzmänteln verarbeitet werden. Erst in den letzten Jahren hat man erkannt, daß der Pelzhandel zur Ausrottung der Tiere führt.

Rundlicher Kopf mit flacher Schnauze

Geschmeidiger Körper

Schnurrhaare

Lange Beine

Tiger — Leopard — Panther

Jaguar — Ozelot — Serval

Krallen

Die Krallen bestehen wie unsere Fingernägel aus Horn (Keratin), einem Eiweißstoff. Die Hinterpfoten der Katzen besitzen vier Krallen, die Vorderpfoten fünf. Die fünfte Kralle sitzt seitlich an und dient der festen Verankerung beim Klettern und Festhalten der Beute.

EINZIEHBARE KRALLEN
Abgesehen vom Geparden (S. 42-43) haben alle Katzen besondere, vom letzten Zehenknochen gebildete Krallenscheiden, in denen die Krallen bei entspanntem Muskel ruhen. Die Krallen können bei Bedarf blitzschnell ausgefahren werden, während sich gleichzeitig die Zehen strecken.

KRATZIGE KATZE
Eine Katze kann mit ihren scharfen Krallen auch im Spiel schmerzhafte Kratzwunden verursachen.

SCHNURRSPRACHE
Das Schnurren ist ein typisches Kennzeichen der Kleinkatzen. Der Zungengrund besteht bei den Kleinkatzen aus Knochen, nicht wie bei den Großkatzen aus Knorpel. Wenn dieser knöcherne Zungenapparat in Schwingung versetzt wird, schnurrt die Katze. Sowohl wilde Kleinkatzen als auch Hauskatzen schnurren, wenn sie sich wohlfühlen, beim Säugen oder auch wenn sie Angst oder Schmerz empfinden.

EINBLICKE
Dieses Bild zeigt die Lage der Eingeweide im Körper. Die Nahrung gelangt über die Speiseröhre in den Magen und von dort in den Dünndarm. Dort werden die verwertbaren Nährstoffe ins Blut aufgenommen. Die unverdaulichen Reste passieren den Dickdarm und werden über den After ausgeschieden.

GUT IN FORM
Der muskulöse Körper der Löwin zeichnet die Form des Skeletts nach. Der Kopf ist gedrungen, der Körper biegsam und wendig. Die Beine sind relativ lang, ebenso der Schwanz, der dem schweren Tier als Balancierhilfe beim Anspringen der Beute dient. Die Schnurrhaare sind Tastsinnesorgane. Mit ihrer Hilfe kann die Löwin sich im Dunkeln zurechtfinden. Die Gehirnteile, die Augen, Geruchssinn und Gehör steuern, sind bei allen Katzen hoch entwickelt.

MUSKELPAKET
Diese Darstellung zeigt eine Katze ohne Haut: die Muskelstränge sind erkennbar. Mit den kräftigen Muskeln im Schulterbereich springt die Katze ihre Beute an.

Katzensinne

Die meisten Wildkatzen sind Einzelgänger und jagen nachts. Mit ihren hochentwickelten Sinnen können sie sich leise anschleichen, sehen, ohne gesehen zu werden, hören, ohne gehört zu werden, und im Dunkel der Nacht ihre Beute und ihren Weg auch riechen und ertasten. Kleinkatzen töten ihr Opfer schnell und verzehren es hastig. Dabei müssen sie immer auf der Hut sein, nicht selbst zum Opfer zu werden. Katzen besitzen einen Sinn, über den wir Menschen nicht verfügen, eine Art Geruchs-Geschmackssinn, mit dem unter anderem die Männchen feststellen können, wenn ein Weibchen paarungsbereit ist (S. 14). Die Fähigkeit der Katzen, auch aus größter Entfernung immer wieder nach Hause zu finden, ist sprichwörtlich. Ihre Supersinne machen es möglich. Es gibt Vermutungen, daß die Katzen zusätzlich zu den uns bekannten einen magnetischen Sinn haben, einen inneren Kompaß, der ihnen den Weg weist.

NICHT ZU ENG!
Schnurrbart und Haare an Augenbrauen und Vorderpfoten reagieren empfindlich auf geringste Luftdruckunterschiede. So kann die Katze Zwischenräume beurteilen.

ZEIT FÜR EINEN DRINK
Ein Puma trinkt an einem Tümpel. Alle Katzen außer der Sandkatze brauchen regelmäßig Wasser, das sie scheinbar mit einem „siebten Sinn" finden.

KATZENAUGEN
Katzenaugen sind sechsmal lichtempfindlicher als unsere: durch eine lichtreflektierende Schicht (das *Tapetum lucidum*) wird das einfallende Licht besser ausgenutzt. Diese Schicht läßt Katzenaugen nachts im Scheinwerferlicht leuchten.

Pupillen im Dunkel...

...und im Hellen

LICHT UND DUNKEL
Katzen besitzen große Augen und ein weites Gesichtsfeld, so daß sie ohne Kopfbewegung weit nach rechts und links sehen können. Im Dunkeln werden die Pupillen riesig, damit viel Licht ins Auge fällt. Im hellen Licht verengen sie sich bei den Kleinkatzen zu schmalen Schlitzen, bei den meisten Großkatzen zu winzigen Kreisen.

ZELLENGENOSSEN
1601 wurde der Graf von Southampton in den Tower von London gesperrt, weil er sich gegen Elisabeth I. aufgelehnt hatte. Es heißt, sein Kater habe den Weg vom Londoner Haus des Grafen zum Tower gefunden und sei über Dächer und Brüstungen zur Zelle des Grafen vorgedrungen. Doch wie sollte er hineingelangen? Der kluge Kater fand den Kamin der Zelle und kletterte hinunter zu seinem Herrn. Der außergewöhnliche Orientierungssinn der Katzen läßt diese Geschichte glaubwürdig erscheinen.

TASTEN·RIECHEN·PROBIEREN
Bietet man Katzen Nahrung an, oder sie entdecken etwas Unbekanntes, nähern sie sich mit Vorsicht. Oft tasten sie erst mit der Pfote, ehe sie sich strecken und mit der Nase nachprüfen.

Schildpatt-weiße Katze

Die Katzennase ist nicht so empfindlich wie die der Hunde, doch die Katze kann viele Dinge damit erkennen.

FÜNF SINNE
Bei allen Katzen sind Augen, Ohren, Geruchssinn, Geschmackssinn und Tastsinn empfindlicher als bei uns. Wir können zwar besser Farben erkennen, doch Katzen sehen in der Dämmerung besser. Wenn es so dunkel ist, daß selbst eine Katze nichts mehr sieht, kann sie ihre Beute noch immer hören, und sie findet sich mit Schnurrhaaren und tastempfindlichen Deckhaaren an Körper und Schwanz zurecht.

Große Ohrmuscheln leiten die Schallwellen zum Mittelohr. Mit ihnen kann die Katze eine Geräuschquelle genau anpeilen.

Die Augen einer aufmerksamen, gespannten Katze weiten sich. Bei Angst und Wut werden sie zu schmalen Schlitzen.

KATZENBART
Die Schnurrhaare sind Tastsinnesorgane. Die Haarwurzeln der steifen Schnurrbarthaare stehen mit Nervenenden in Verbindung. So kann die Katze bei Dunkelheit ertasten, was sich in ihrem Gesichtsbereich abspielt.

Duftstoffe gelangen durch die Nase zu empfindlichen Riechzellen in gekammerten, dünnwandigen Knochenhöhlen im vorderen Schädelbereich.

Mit der rauhen Zunge leckt die Katze ihren Pelz und ihre Kinder und trinkt (S. 20-21). Der Geschmackssinn ist für die Katze wichtig. Sie verschlingt ihre Nahrung so schnell, daß sie diese schnell auf Genießbarkeit überprüfen muß.

Roter Abessinier

Wendige Wesen

Jeder Körperteil der Katze ist an Schnelligkeit und Beweglichkeit angepaßt. Alle Katzen, selbst die schweren Tiger und Löwen, sind sehr wendig und können weit und sicher springen, allerdings (mit Ausnahme des Geparden, S. 42-43) keine langen Strecken schnell laufen. Die Jagdmethode der Katzen erfordert diese Wendigkeit, Kraft und Sprungsicherheit. Nur so können sie, wenn sie sich an ein Beutetier herangeschlichen haben, auf dessen Rücken springen und es treffsicher in den Hals beißen. Besonders kräftig ist die Brust- und Halsmuskulatur (S. 14-15), die Sehnen und Bänder sind sehr dehnbar. Die Schulterblätter sitzen seitlich am großen Brustkorb an (S. 12-13), so daß die Katze gut klettern und das Hauptgewicht auf die Vorderbeine verlagern kann. Kletterkatzen wie der Leopard (S. 32-33) besitzen einen langen Schwanz, der ihnen als Balancierhilfe dient. Alle Katzen sind Zehenspitzengänger (S. 12-13) und besitzen weiche, dicke Sohlenpolster, so daß sie sich geräuschlos anschleichen können.

PRANKENHIEB
Hinter dem Prankenhieb eines Löwen steckt soviel Kraft, daß er damit ein Tier töten kann.

Um möglichst viel Kraft in den Sprung zu legen, streckt die Katze die Hinterbeine weit nach vorn.

Sprungbeginn: die Katze balanciert das Gewicht auf den Hinterbeinen aus.

Bei voller Sprunghöhe ist die Katze ganz gestreckt.

DER SATZ DER KATZ
Alle Katzen können springen. Wie andere Tiere auch, stoßen sie sich dabei mit ihren kräftigen Beinmuskeln ab und balancieren den Sprung gleichzeitig mit dem Schwanz aus. Zusätzlich kann die Katze ihren Landeplatz mit großer Treffsicherheit bestimmen. Das ist auch wichtig, weil sie kleine, flinke Beute jagt.

Pumababy

NEUN LEBEN
Viele Kleinkatzen sowie der Leopard verbringen einen großen Teil ihres Lebens auf Bäumen. Ihr ausgezeichneter Gleichgewichtssinn ist eine Anpassung an die Jagd auf flinke Beutetiere im Geäst. Gleichgewichtssinn und Muskulatur sind so fein aufeinander abgestimmt, daß die Katze sich im freien Fall von der Rücken- in die Bauchlage drehen kann. Dabei dreht sie zuerst den Kopf, dann den Vorderkörper und zuletzt den Hinterkörper und kommt schließlich sicher auf den Füßen auf. Katzen können Situationen überleben, in denen andere Tiere umkämen; in der Fabel von den neun Leben der Katze steckt also sehr viel Wahrheit.

Bei langsamer Gangart werden die diagonal gegenüberliegenden Füße gleichzeitig nach vorn gesetzt.

ÜBUNG MACHT DEN MEISTER
Alle Katzenjungen müssen Körper und Glieder trainieren, bis sie so wendig und geschickt wie ihre Eltern sind. Mit seinen übergroßen Tatzen erscheint dieser kleine Puma tapsig. Doch durch spielerisches Lauf- und Beutefangtraining ist er bald so wendig wie seine Mutter.

MIT HÖCHSTGESCHWINDIGKEIT
Im schnellen Lauf stößt sich die Katze mit beiden Hinterbeinen ab, um sich so möglichst weit nach vorn zu katapultieren. Die Vorderpfoten aber werden in schneller Folge nacheinander aufgesetzt. Diese berühmte Bildfolge (Eadweard Muybridge, 1887) zeigt deutlich die Bewegungsabfolge.

Die Vorderpfoten setzen auf; die Katze bringt die Hinterbeine nach vorn.

Alle vier Pfoten setzen auf.

Mit dem Schwanz hält die Katze das Gleichgewicht, wie ein Drahtseilakrobat mit seiner Balancierstange.

ERFRISCHENDES BAD
Wenn es sein muß, können wohl alle Katzen schwimmen, doch nicht alle tun es gern. Der Tiger aber ist ein guter Schwimmer und verbringt viel Zeit im oder am Wasser. In den tropischen Regenwäldern Asiens stellt ein Bad im Fluß eine willkommene Erfrischung dar.

Die Haut hängt noch schlaff herab, die Muskeln sind noch nicht voll ausgebildet.

KLETTERÜBUNG
Alle jungen Katzen müssen klettern lernen. Zuerst haben sie, wie alle kleinen Kinder, Angst und können nicht recht einschätzen, was sie können und was nicht. Oft klettern sie zu weit hinauf ins Gäst und trauen sich dann nicht mehr herunter. Doch schließlich wagen alle außer den größten Angsthasen den Sprung in die Tiefe.

DRAHTSEILAKT
Diese Katze läuft problemlos über einen schmalen, hohen Zaun. Sicher setzt sie eine Pfote vor die andere, ohne das Gleichgewicht zu verlieren.

Katzenwäsche

Die meisten Hauskatzen scheuen Wasser. Doch diese Katzen von Louis Wain (1860-1939) scheinen sich damit sehr zu amüsieren.

Das, was wir als Katzenwäsche bezeichnen, ist eigentlich eine Beleidigung für jede Katze. Denn Katzen sind sehr reinlich. Großkatzen, Kleinkatzen, wilde und Hauskatzen verwenden viel Zeit auf ihre Körperpflege. Sie striegeln ihr Fell mit der rauhen Zunge, entfernen Schmutz von den Fußsohlen und putzen ihr Gesicht mit den Pfoten. Bei der Körperpflege wird auch der persönliche Duft der Katze über den ganzen Körper verteilt und bleibt dann an allen Gegenständen hängen, an denen sie sich reibt. Das Putzen hat auch eine beruhigende Wirkung auf das Tier. Man weiß nicht, warum Hauskatzen ihren Kot vergraben, doch diese Angewohnheit ist sicher angenehm für den Katzenhalter. Viele Wildkatzen dagegen tun dies nicht. Der Tiger setzt seinen Kot zum Beispiel an den Reviergrenzen ab, damit andere Tiger diese Grenzmarken riechen. Auch das, was wir als „Wetzen" bezeichnen (S. 26-27), dient der Reviermarkierung. So ist die Reinlichkeit der Katzen nicht nur Selbstzweck, sondern Teil eines komplizierten Verständigungssystems, das auf dem Geruchs- und Tastsinn beruht.

Mit ihrem biegsamen Hals kann die Katze alle Körperteile erreichen.

WERKZEUG ZUNGE
Die Katzenzunge dient zum Fressen, Trinken und als Waschlappen und Bürste zur Körperpflege. Bei allen Säugetieren ist die Zunge rauh. Die Katzenzunge ist von harten, dornartigen Papillen übersät. Diese Papillen weisen alle nach hinten. Mit ihnen kann die Katze Fleisch von Knochen abraspeln oder auch Dosennahrung auflecken. Die Zunge kann auch zu einer Schöpfkelle gerollt werden, mit der die Katze Wasser trinkt.

Jede einzelne Papille hat die Form einer Miniaturzunge.

BAUCHBÜRSTEN
Die Katze leckt sich Bauch und Brust. Sie bringt die „Fellfrisur" wieder in Ordnung und frischt ihren Eigengeruch wieder auf, nachdem sie ihre Kinder gesäugt hat oder von Menschen gestreichelt wurde.

In der Vergrößerung sieht man die nach hinten weisenden Papillen.

WETTERWÄSCHE?
Diese Katze des japanischen Künstlers Ando Hiroshige (1797-1858) ist sehr menschlich dargestellt. Sie putzt ihre Ohren. Es heißt, wenn Katzen das tun, liegt Regen in der Luft.

Die Pfote wird zur Gesichtswäsche gut angefeuchtet.

GESICHTSPFLEGE
Die Katze leckt die Pfote ab und „wäscht" sich dann mit der nassen Pfote das Gesicht. Dabei wird der persönliche Duft von Drüsen im Kinnbereich auf die Pfoten übertragen, und die Katze hinterläßt dann überall eine Duftspur.

SAUBERE PFOTEN
Wenn eine Katze in etwas Klebriges tritt, leckt sie es sofort ab. Damit die Pfoten immer einsatzbereit sind und um ihren Duft zu verbreiten, putzen Katzen die Pfoten besonders häufig.

SOZIALE KÖRPERPFLEGE
Diese Löwinnen reinigen sich gegenseitig an unzugänglichen Körperstellen. Dabei vermischen sich die Düfte der einzelnen Tiere. Es entsteht ein Rudelparfüm, an dem sich die einzelnen Familienmitglieder erkennen. Der Duft dient also der Gruppe als Erkennungszeichen wie eine Uniform.

Mit der rauhen Zunge wird die Pfote für die Gesichtswäsche angefeuchtet.

PERSÖNLICHE NOTE
Beim Putzen der Beininnenseiten verteilt die Katze Duftstoffe aus ihren Kinn-, Anal- und Genitaldrüsen über den ganzen Körper. Dieser Duft ist ihre Visitenkarte.

Bei ausgestreckten Beinen kommt die Katze mit ihrer Zunge bis in die Achseln.

Katz und Maus

In freier Natur leben alle wilden Katzenarten vom Fleisch ihrer Jagdbeute. Abgesehen von den Löwen (S. 28-29) jagen alle Katzen allein und töten in der Regel Tiere, die kleiner sind als sie selbst. Wenn sich ein Tier ganz still verhält, kann es unter Umständen der Aufmerksamkeit einer Katze entgehen, doch erfahrene Katzen bemerken ein Beutetier sofort allein mit Nase und Ohren. Da Katzen ein ausgezeichnetes Ortsgedächtnis haben, kommen sie häufig an solche Stellen zurück, an denen sie schon einmal einen Jagderfolg hatten. Katzen schleichen sich in geduckter Haltung an ihr Opfer heran, dann stürzen sie sich auf ihre Beute und schlagen ihre Eckzähne in deren Hals. Kleinkatzen jagen hauptsächlich Mäuse, Vögel, Eidechsen, Käfer und andere kleine Tiere. Großkatzen wie der Leopard jagen größere Tiere von der Größe einer Ziege und zerren ihre Beute oft auf einen Baum, um sie vor anderen Raubtieren in Sicherheit zu bringen. In Menschenobhut spielen Hauskater oft mit ihrer Beute – wahrscheinlich in Fortsetzung des kindlichen spielerischen Jagdtrainings.

TOM UND JERRY
Im Zeichtrickfilm führt die schlaue Maus den etwas dummen Muskelprotz Tom an der Nase herum – mit der Wirklichkeit hat das nicht viel zu tun.

Wenn sich eine Katze anschleicht, drückt sie sich an den Boden.

Sohlenpolster ermöglichen ein lautloses Anschleichen.

SPRUNGBEREIT
Ein schwarzer Leopard (Schwarzer Panther) schleicht sich an, um sich auf eine Beute zu stürzen; der ganze Körper ist gespannt. Alle Katzen schleichen sich immer erst lautlos so weit an ihr Opfer heran, bis sie es sofort oder nach einem kurzen Spurt anspringen können. Ihrer Beute nachjagen können die Katzen (mit Ausnahme des Geparden) nicht.

MITTELALTERLICHE MÄUSEJÄGER
Dieses Bild aus dem *Harleianischen Bestiarium* (13. Jh.) ist eine der ersten bekannten Darstellungen von Katzen mit einer Ratte. Die Katzen sind allerdings nicht sehr naturgetreu abgebildet.

ÜBERRASCHUNGSANGRIFF
Katzen sitzen oft an Stellen, von denen sie einen guten Überblick haben, ohne selbst gesehen zu werden. Diese Katze saß völlig geräusch- und bewegungslos auf einem Zaun und beobachtete, was im Gras unter ihr vorging. Jetzt stürzt sie sich auf ein ahnungsloses Beutetier.

Schwarzer Panther

VON BERUF FISCHER
Die indische Fischkatze besitzt kleine Schwimmhäute zwischen den Zehen und ist ein ausgezeichneter Schwimmer. Sie soll sogar nach Fischen tauchen. Daneben frißt sie Säuger, Vögel, Frösche und Krebse.

STIMMUNGS-BAROMETER
Zufriedene oder auf eine Sache konzentrierte Katzen wedeln leicht mit dem Schwanz, verärgerte Katzen schlagen damit um sich.

WETTRENNEN AUF LEBEN UND TOD
Der Gepard und die Springböcke beobachten einander mißtrauisch. Solange die Antilopen dicht beisammen bleiben, kann ihnen nichts passieren. Einzelne Tiere aber, die sich etwas zu weit von der Herde entfernt haben, sind dem Geparden ausgeliefert. Er verfolgt sie mit großer Geschwindigkeit und schlägt sie mit einem Prankenhieb nieder.

GELERNTER MÄUSEFÄNGER
Viele Katzen spielen mit ihrer Beute, ehe sie sie töten. Katzenmütter zeigen auf diese Weise ihren Kindern die Fangtechnik. Bei Hauskatzen tritt dieses Spielverhalten bei erwachsenen Katzen oft auch dann auf, wenn sie keine Jungen haben. Vielleicht legen diese Katzen den kindlichen Spieltrieb einfach nie ab.

Eine Katze behandelt ein Spielzeug wie ein Beutetier.

Serval

HÄHNCHEN ZUM ABENDESSEN
Dieser Serval hockt sich wie andere Kleinkatzen zum Fressen auf die Hinterbeine. Großkatzen legen sich hin und nehmen die Beute zwischen die Vorderbeine. Kleinkatzen beginnen ihre Mahlzeit am Kopf, den sie ohne zu kauen verschlingen.

FÜR DEN GROSSEN HUNGER
Mit seinem gewaltigen Gebiß kann der Tiger große Tiere zerlegen. Bis zu 50 kg verschlingt er auf einmal.

Kinderstube

Leopardin mit Jungen vor ihrer Höhle

Alle Katzenkinder, Tiger ebenso wie Hauskatzen, werden blind geboren. Erst wenn die Jungen etwa neun Tage alt sind, öffnen sich die Augen. Doch auch dann sind sie noch sehr hilflos und auf ihre Mutter angewiesen. Diese sorgt allein für die durchschnittlich vier Welpen eines Wurfs, der Vater beteiligt sich nicht an der Jungenaufzucht. Katzen brauchen einen sicheren Ort, um ihre Jungen zur Welt zu bringen. Hauskatzen suchen meist ein ruhiges, dunkles Plätzchen, z.B. eine Schublade oder einen Schrank, auf. In freier Natur bringen alle Katzenweibchen, vom Luchs bis zum Tiger, ihre Welpen in einem „Nest" in geschützter Umgebung, meist in Höhlen, zur Welt. Die Entwicklungsdauer der Kleinkatzen im Mutterleib (Tragzeit) liegt um 63 Tage; nach der Geburt säugt die Mutter ihre Jungen sechs bis acht Wochen; danach versorgt sie sie mit Fleisch. Die Tragzeit bei Großkatzen liegt zwischen 100 und 119 Tagen. Die Neugeborenen sind im Verhältnis zu den Eltern winzig und werden erst nach drei Monaten entwöhnt. Wenn sie die Größe der Eltern erreicht haben, verlassen sie ihre Mutter oder werden von ihr vertrieben.

KINDERSPIEL
Das Kätzchen auf dieser japanischen Bildrolle spielt mit einem Wollknäuel. Solche Spielzeuge dienen als „Beute", an der man Jagdtechniken ausprobieren kann.

LÖWEN-PAARUNG
Wenn eine Löwin paarungsbereit ist, bleibt der Chef eines Rudels stets in ihrer Nähe und verhindert, daß anderen Löwenmänner seiner Frau zu nahe kommen. In den zwei bis drei Tagen der Hitze paaren sich die beiden häufig.

TRAUTE FAMILIE
Wenngleich die Lebensbedingungen der Hauskatzen ganz anders sind als in freier Wildbahn, bleiben die Instinkte der Wildkatzen dennoch erhalten. Diese Katzenwelpen sind schon entwöhnt, doch ihre Mutter umsorgt sie weiterhin. Entfernt man junge Katzen zu früh von ihrer Mutter, werden sie zu neurotischen, verstörten Erwachsenen, ähnlich wie es bei verwaisten Menschenkindern der Fall sein kann.

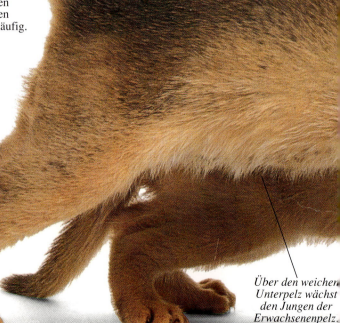

HAUSKATZENHOCHZEIT
Katzenweibchen paaren sich nur zur Brunstzeit mit einem Kater. Bei Hauskatzen ist das etwa zweimal im Jahr. Eine Begattung dauert nur wenige Sekunden, doch während der drei bis fünf Tage der Hitze kann sich ein Katzenweibchen mehrfach mit unterschiedlichen Partnern paaren (S. 61).

Über den weichen Unterpelz wächst den Jungen der Erwachsenenpelz.

WAS BIN ICH?
Katzenwelpen besitzen oft eine andere Fellzeichnung als die Erwachsenen. Diese kleine Katze mit Flecken und Streifen und einem geringelten Schwanz ist ein Puma. Die Flecken verschwinden mit dem Wechsel des Jugendkleids. Auch Löwenbabys haben oft Flecken. Bei einigen Hauskatzenrassen, z.B. den Siamkatzen, haben die Jungen ein ganz helles Fell, das erst später dunkler wird.

Rote Abessinierkatze mit Jungen

Die Mutter striegelt ihr Kind mit der rauhen Zunge und macht es dabei mit ihrem Geruch vertraut.

Die Beine sind noch wackelig.

BALGEREI
Spielen gehört zum Erwachsenwerden. Im Spiel lernen die Jungen, wie man Beute jagt und tötet und wie man mit Artgenossen auskommt. Diese Katzen üben sich im Kampf; dabei müssen sie auch lernen, wann man aufhören muß, damit es nicht zu ernsthaften Verletzungen kommt. Das Spiel stärkt auch die Muskeln und schult die Reaktionsfähigkeit.

MIT SICHEREM GRIFF
Katzenmütter bringen ihre Jungen beim leisesten Anzeichen von Gefahr in Sicherheit. Dabei packen sie sie mit den Zähnen an einer Hautfalte im Nacken und tragen sie weg, ohne daß sie den Kleinen dabei wehtun.

Eine Katze hat mehrere Zitzenpaare. Jedes Katzenkind hat seine eigene Zitze und trinkt von keiner anderen.

Diese Katze hat Angst.

Typisch Katze

Im Verhalten zeigen Klein- und Großkatzen große Übereinstimmung. Sie alle bringen ihre Jungen in geschützten Höhlen zur Welt. Abgesehen von den Löwen sind alle Katzen Einzelgänger. Ihr Jagdrevier, sei es nun ein Garten oder ein Waldstück – markieren sie mit Kot und Urin. Sie tauschen ihre Düfte durch gegenseitiges Reiben und Belecken aus. Katzen unterhalten sich auch mit verschiedenen Lauten, sie können aggressiv fauchen oder freundlich miauend grüßen. Am Tag schlafen Katzen viel, denn sie sind meist Nachttiere. Das gilt auch für Hauskatzen, und, abgesehen von den Fütterungszeiten, sind sie selten bereit, ihren Zeitplan dem ihrer Besitzer anzupassen. Im Gegensatz zu Hunden lassen sich Katzen nicht abrichten. Sie leben mit den Menschen, aber sie geben ihre Persönlichkeit nie auf.

MIT GEBRÜLL
Schon auf unsere frühen Vorfahren wirkte das Brüllen des Löwen beeindruckend und furchterregend. Doch das Gebrüll dient der Verständigung innerhalb des Löwenrudels, nicht dem Erschrecken anderer Tiere.

MITTAGSSCHLAF
Katzen brauchen viel Schlaf. In heißen Ländern schlafen sie bis zu 18 Stunden täglich und jagen nur, wenn es kühler ist. Doch sehr lange an einem Stück schlafen Katzen nicht. Sie schlummern auch nicht sehr tief, mit einem Auge blinzeln sie meist, damit sie Gefahren sofort bemerken.

Angelegte Ohren sind ein Warnzeichen.

FREUND...
Diese Katze fühlt ihr Revier durch die andere Katze bedroht. Sie hockt in Verteidigungsstellung und faucht. Manchmal sträuben Katzen in solchen Situationen auch die Haare, was sie größer erscheinen läßt.

Fauchen bedeutet: „Laß mich in Ruhe!"

SCHMUSEKATZEN
Soziale Katzen wie Hauskatzen oder Löwen bekunden ihre friedlichen Absichten durch „Köpfchenreiben". Man beobachtet dieses Verhalten häufig bei jungen Tieren, besonders wenn sie aufgeregt sind.

BEINREIBEN
Wenn Katzen an Menschenbeinen entlangstreichen, bedeutet das Zuneigung, außerdem übertragen sie dabei ihren Geruch.

DUFTMARKEN
Katzen markieren ihr Revier mit Urin und den Sekreten ihrer Duftdrüsen. Sie strecken ihren Hinterleib vor einem Baum oder Pfahl in die Höhe und spritzen einen stechend riechenden Urinstrahl an diesen „Grenzpfosten".

KRATZENDE KATZE
Katzen verbringen viel Zeit mit „Wetzen" oder „Hakeln". Sie strecken sich und kratzen mit den Krallen an einem Baumstamm (oder am Bezug eines Sofas). Dieses Verhalten dient wahrscheinlich weniger zum Schärfen der Krallen als deren Reinigung und dem Training der Beinmuskulatur. Manchmal lassen Katzenbesitzer ihren Katzen die Krallen entfernen, damit sie nicht die Wohnung zerkratzen, dies widerspricht aber den natürlichen Bedürfnissen des Tiers und beeinträchtigt sein Wohlbefinden.

Der Katzenbuckel läßt die Katze größer erscheinen.

WETZENDE LÖWIN
Löwen können beim „Krallenschärfen" die Rinde von Bäumen schälen.

KATZENCLUB
Diese Darstellung in einem Kinderbuch aus dem letzten Jahrhundert zeigt Katzen mit eher menschlichen Zügen. Hauskatzen leben nur zusammen, wenn ausreichend Nahrung vorhanden ist. Meist handelt es sich um Großfamilien aus nah verwandten Weibchen, denen sich höchstens einige starke Kater anschließen.

Das Schwanzschlagen deutet Erregung an.

...ODER FEIND?
Dieser Kater testet aus, wie weit er sich an die schildpattfarbene Artgenossin heranwagen kann. Da diese sehr ablehnend reagiert, wird er sich wahrscheinlich zurückziehen und dabei vorgeben, daß er etwas Anderes viel interessanter findet.

KATZENROLLE
Groß- und Kleinkatzen wälzen sich auf den Rücken, um Zuneigung zu signalisieren. Katzenweibchen zeigen so auch ihre Paarungsbereitschaft. Man sagt deshalb auch eine Kätzin in Paarungsstimmung ist „rollig".

Der König der Tiere

PERSISCHER LÖWE
Dieser Teller aus dem Iran zeigt einen Löwen vor der aufgehenden Sonne – das Wahrzeichen der persischen Könige.

Vor über 10 000 Jahren, als die Menschen noch als Jäger und Sammler lebten, gab es Löwen in ganz Europa, Asien und Afrika. Löwen und Menschen waren Nahrungskonkurrenten, und der Respekt der Menschen vor dem Löwen blieb bis heute erhalten. Abgesehen von einer kleinen Population im Nordwesten Indiens, findet man Löwen heute nur noch in Afrika. Sie leben in Familienverbänden von bis zu 12 Tieren und jagen gemeinsam. Dadurch können sie als einzige Katzen Tiere jagen, die größer sind als sie selbst. Die Jagd ist Frauensache. Die Aufgabe der Männchen ist die Revierverteidigung: Sie patrouillieren an den Reviergrenzen und markieren Bäume und andere Landmarken mit ihrem Urin (S. 26-27). Auch ihr Brüllen dient der Revierabgrenzung. Eine Löwin wirft etwa alle zwei Jahre bis zu fünf Junge. Diese bleiben bei der Mutter bis der nächste Wurf geboren ist. Seinen eigenen Kindern tut ein Löwenmann nichts, doch wenn ein fremdes Weibchen mit Jungen zum Rudel stößt, tötet er unter Umständen die Welpen, ehe er sich mit der Mutter paart.

DER KÖNIG
Die prächtige Mähne und die furchterregenden Eckzähne sichern dem Löwen die Herrschaft über seine Welt. Die Weibchen jagen zwar die Beute, doch der stärkere Löwenmann beansprucht das Vorrecht, sich seinen Teil zuerst zu nehmen.

Löwe und Löwin

Das Weibchen hat keine Mähne, diese würde sie nur bei der Jagd behindern.

DAS RUDEL
Ein Löwenrudel besteht immer aus mehr Weibchen (meist fünf bis neun) als Männchen (meist zwei). Während die Weibchen in der Regel im Rudel bleiben, verlassen es die jungen Löwenmänner, wenn sie erwachsen werden, und vagabundieren umher. Mit fünf bis sechs Jahren sind sie stark genug, um, meist mit ihren Brüdern, ein Rudel zu erobern.

EINE KÖNIGIN
Alle Löwinnen eines Rudels sind miteinander verwandt – Schwestern, Töchter, Tanten. Ihr Körper ist kräftig, aber geschmeidig. So können sie sich leise anschleichen, ehe sie sich auf ihr Opfer stürzen.

IM STERNBILD DES LÖWEN
Menschen, die im Zeichen des Löwen geboren sind, sagt man nach, sie seien stolz, tapfer, stark und ichbezogen – wie der König der Tiere.

DANIEL IN DER LÖWENGRUBE
Der Israelit Daniel kam als Gefangener an den Königshof von Babylon. Er konnte die Träume König Nebukadnezars deuten, und der König machte ihn zu einem mächtigen Mann. Doch seine Feinde verleumdeten ihn, man warf ihn in die Löwengrube. Daniel aber stand unter dem Schutz Gottes, und die Löwen verschonten ihn.

Die Mähne läßt den Löwen noch größer erscheinen. Das mag andere Löwen abschrecken.

DER LÖWE UND DAS EINHORN
In der Renaissance (15. und 16. Jh.) findet man den Löwen oft in Kunst und Architektur. Dieser französische Bildteppich zeigt den Löwen in friedlicher Eintracht mit dem Einhorn, dem Symbol der Reinheit.

DER LÖWE VON NEMEA
Als Sühne für einen Mord im Wahnsinn mußte Herakles zwölf Aufgaben lösen. Als erstes erwürgte er einen Löwen, dessen Haut nicht durch Waffen verletzt werden konnte. Das Fell trug er von da an als Mantel.

Die Haarbüschel lassen die Beine noch stärker erscheinen.

Die Flecken sind Überreste des Jungtierpelzes.

Der Schwanzquast dient der Verständigung unter Artgenossen.

Der Tiger

Die größte aller Katzen ist der Tiger. Er war einst in den Wäldern Indiens und Südostasiens und von China bis Sibirien verbreitet. Heute gehört diese Großkatze zu den vom Aussterben bedrohten Arten. Man findet den Tiger nur noch in wenigen Urwaldreservaten und in Sumpfgebieten wie dem Gangesdelta.

Die größte Unterart des Tigers ist der Sibirische Tiger, von dem es nur noch etwa 200 wildlebende Exemplare gibt. Man hat diese schönen Katzen bis an den Rand der Ausrottung bejagt, und ihr Lebensraum wird immer weiter zerstört. Tiger jagen als Einzelgänger große Beutetiere wie Hirsche und Wildschweine und beanspruchen ein entsprechend großes Revier, um ausreichend Beute zu finden und überlebensfähig zu bleiben. Tiger können ihrer Beute nur über kurze Strecken nachjagen, wie alle Katzen müssen sie sich nahe genug an ihr Opfer heranschleichen, wenn die Jagd erfolgreich sein soll. Vor allem in den Tropen verbringen Tiger viel Zeit im kühlen Wasser. Auch Beutereste verstecken sie oft im Wasser oder in einem Dickicht.

STURMTIGER
Auf diesem Bild von Henri Rousseau (1844-1910) ist der gut getarnte Tiger im regengepeitschten Urwald kaum zu entdecken.

FURCHTBAR SCHÖN
Zwar nennt man den Löwen mit seiner Mähne und seiner stolzen Erscheinung König der Tiere, doch furchterregender ist der Tiger. Ein Bengalischer Tiger erreicht bis zu 260 kg, ein Sibirischer Tiger wird noch schwerer. Der jährliche Nahrungsbedarf eines Tigers umfaßt etwa 70 Hirsche.

Die Streifen tarnen den Tiger im hohen Gras und im Wald.

Der massige Körper befindet sich relativ nah am Boden, so daß der Tiger z.B. in hohem Gras nicht zu sehen ist.

Sehr langer, eng gestreifter Schwanz

MASSENMORD
In Indien durften Tiger früher als „königliches Wild" nur von Maharadschas gejagt werden. Im 19. Jh. aber, als Indien britische Kolonie war, wurden Tiger in großer Zahl bei Gesellschaftsjagden vom sicheren Elefantenrücken aus niedergemetzelt. 1888 schrieb die britische Regierung sogar eine Belohnung für tote Tiger aus. Heute steht der Tiger unter Schutz, und die indische Regierung hat das *Projekt Tiger* ins Leben gerufen, um die Tiere vor dem Aussterben zu bewahren.

ZU VIEL GETRUNKEN?
Auf einem Bodenmosaik aus dem ersten bis zweiten Jahrhundert, das man in London entdeckt hat, reitet Bacchus, der Gott des Weines, sorglos auf einem Tiger.

TIGER AM TOSENDEN BACH
Auf dieser Hängerolle (Kakemono) des japanischen Malers Kishi Ganku (1756-1838) ist ein furchterregender Tiger neben einem Wildbach dargestellt.

Am Rücken stehen die Streifen weiter auseinander.

Rundlicher Kopf mit langem Schnurrbart

Menschenfresser

Normalerweise gehen Tiger dem Menschen aus dem Weg. Wenn aber ihre Beutetiere aufgrund menschlicher Einflüsse selten werden, fallen Tiger Haustiere und auch Menschen an. Für verwundete, alte und kranke Tiger sind Menschen die leichteste Beute. Um diese Unfälle zu vermeiden, versucht man in Indien, Menschen und Tiger voneinander fernzuhalten.

TIPPUS TIGER
Dieses große aufziehbare „Spielzeug" entstand Mitte des letzten Jahrhunderts in Indien. Zieht man den Tiger mit dem Hebel an der Seite auf, fällt er den englischen Soldaten an.

AUGEN AM HINTERKOPF
Tiger greifen fast immer von hinten an. In den Sumpfwäldern von Sundarban zwischen Indien und Bangladesch fand man heraus, daß eine Maske mit einem aufgemalten Gesicht Tiger davon abhält, Waldarbeiter anzugreifen.

Mit einem einzigen Hieb der gewaltigen Pranke kann der Tiger seine Beute töten.

Kletterkatzen

Leoparden sind sehr anpassungsfähig und kommen in fast allen Lebensräumen Afrikas und Südasiens vor. Sie sind die größten Baumkletterer unter den Katzen und erklimmen geschickt selbst senkrechte Stämme. Leoparden sind heimliche Räuber. Sie jagen in der Regel allein und meist nachts, nur gelegentlich kann man sie bei Tag beobachten. Leoparden erbeuten schon einmal ein Haustier, doch sie töten auch Ernteschädlinge wie Paviane und Rohrratten. Sowohl Männchen als auch Weibchen markieren ihre Reviere durch Urinmarken und verteidigen sie gegen Eindringlinge. Die Jungen bleiben bis zu etwa zwei Jahren bei der Mutter. Überall sind die Leopardenbestände gefährdet. Der Hauptgrund ist die Zerstörung ihres Lebensraums. Aber auch die starke Bejagung wegen ihres herrlichen Fells, das lange Zeit zu begehrten Pelzmänteln verarbeitet wurde, hat diese Katze an den Rand der Ausrottung gebracht.

SCHLAFZIMMER UND SPEISEKAMMER
Dieser Leopard muß augenscheinlich sein Mittagessen erst einmal verdauen. Oft tragen Leoparden ihre Beute auf Bäume, um sie nicht mit Aasfressern wie Hyänen und Schakalen teilen zu müssen. Auch zum Schlafen ziehen sich Leoparden gern auf Bäume zurück.

Leoparden brüllen nur selten. Sie verständigen sich mit einem heiseren Bellen.

ZUG DER HL. DREI KÖNIGE
Dieses Fresko des Renaissancemalers Gozzoli entstand im Auftrage der Medicis in deren Palastkapelle in Florenz. Auf diesem Ausschnitt sieht man auf dem Pferd vor dem Leoparden den jungen Herzog von Lucca, dessen Familienwappentier der Leopard war. Im Vordergrund sieht man einen angeleinten Jagdleoparden.

LEOPARD
Die schwarzen Flecken auf gelb-braunem Grund sind eine hervorragende Tarnung, wenn dieses Tier im Laubwerk auf einem Baum liegt oder durchs lange, dürre Steppengras läuft. Wie viele andere Arten besitzen Leoparden warmer Länder ein kurzes Fell, in kälteren Regionen ein längeres, wärmeres.

Fleckenlos

Rezessive Gene bestimmen die Fellfarbe des Schwarzen Panthers. Er verhält sich aber nicht anders als gefleckte Leoparden und paart sich auch mit ihnen. Die Nachkommen können dann schwarz oder gefleckt sein. Schwärzlinge treten z.B. auch beim Jaguar und bei Hauskatzen auf.

PANTHER
Wenn man genau hinsieht, erkennt man, daß der Panther auch Flecken hat. Sie fallen auf dem schwarzen Untergrund nur nicht so auf.

BAGHIRA
Das Pantherweibchen Baghira tritt in Rudyard Kiplings *Dschungelbuch* als Beschützerin und Erzieherin des Menschenjungen Mogli auf.

SCHNEELEOPARD
Diese seltene Art ist mit dem Leoparden nicht näher verwandt, sondern bildet eine eigene Gattung innerhalb der Großkatzen. Sie kommt nur im Himalaya vor und jagt Wildziegen, Hasen und Murmeltiere.

Das Fleckenfell steht dem Leoparden viel besser als einem Menschen.

Der Schwanz ist lang und geringelt.

In den Krallenscheiden der scheinbar weichen Pfote verbergen sich scharfe Krallen zum Klettern und Töten.

BENINBRONZE
Diese Bronzetafel aus dem 16. oder 17. Jh. schmückte den Königspalast der Benin im heutigen Nigeria. In den Mythen der Benin war der starke, schöne, gute und weise Leopard der König des Urwalds, und nur der König durfte einen Leoparden töten.

Der Jaguar

Die einzige Großkatze des amerikanischen Kontinents bekam ihren Namen von den Amazonasindianern. Sie nannten sie *jagwára* (= „fleischfressendes Tier"). Das Verbreitungsgebiet des Jaguars reicht von Mittelamerika bis in den kalten Süden Patagoniens. Bis vor kurzem war er auch im Süden der USA noch recht häufig. Doch durch die fortschreitende Zerstörung seines Lebensraumes ist er heute vom Aussterben bedroht. Hinzu kommt, daß man ihn in der Vergangenheit wegen seines herrlichen Fells stark bejagt hat. Der Jaguar erinnert an einen Leoparden, ist aber größer und gedrungener und nicht ganz so flink. Er lebt allein und jagt Tapire, Faultiere, Schildkröten und andere kleine Tiere. Er klettert nicht so gut und gerne auf Bäume wie sein Vetter, der Leopard, sondern jagt lieber am Boden oder im Wasser, wo er sich als guter Schwimmer erweist. Je nachdem, wie groß der Bestand an Beutetieren ist, beansprucht der Jaguar ein Revier von 5 bis 500 Quadratkilometern.

STÄMMIG
Diese Zeichnung verdeutlicht den gedrungen Körperbau des Jaguars.

KATZENKULT
In der südamerikanischen Mythologie spielte der Jaguar eine große Rolle. Dieses Tongefäß der Inkas aus Peru zeigt einen Jaguar, der sein Opfer verspeist.

Am Amazonas erzählt man sich, der Schwanz diene als Köder beim Fischfang.

MIT GRUNZEN UND KNURREN
Der Jaguar ist nicht so wendig und schnell wie der Leopard. Er brüllt auch nicht so häufig wie andere Großkatzen. Auf der Jagd gibt er häufig grunzende Laute von sich, bei Gefahr knurrt er. Jaguare lassen sich nur schwer zähmen und sind daher nur selten im Zirkus zu sehen.

Die dunkel geränderten Flecken gehen am Bauch in Tupfen über.

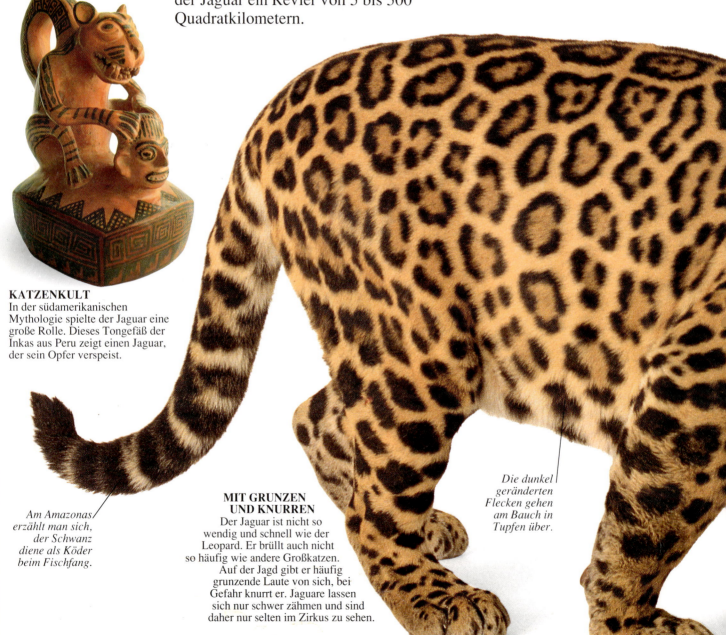

WASSERKATZE
Bevorzugter Lebensraum des Jaguars sind die dichten tropischen Regenwälder Südamerikas. Die Waldjaguare sind dunkler als die Steppenformen. Sie schwimmen gut und können sogar Krokodile töten. Die Menschen am Amazonas glauben, daß Jaguare Fische mit ihrem Schwanz ködern und dann mit den Pfoten packen. Sie fressen außerdem Wasserschildkröten, Vögel und Säuger.

JAGUARRITTER
Die Aztekenkrieger gehörten entweder dem Adler- oder dem Jaguarorden an. Am Ende des Sommers fand eine Militärparade statt. Die Jaguarkrieger trugen ein Jaguarfell mit dem Kopf als Helm. Diese stilisierte Darstellung stammt aus einem aztekischen Buch, dem *Codex Cospi*.

TAPIRJÄGER
Tapire leben im gleichen dichten Urwald wie der Jaguar und bildeten einst einen wichtigen Bestandteil seiner Nahrung. Doch heute sind auch diese Tiere sehr selten geworden.

Gefleckter Kopf gesenkt

Rötliche Flecken. Waldjaguare sind dunkler als Steppenjaguare.

Der massige Körper des Jaguars erinnert an den eines Löwen.

TIAHUANACOTEPPICH
Dieser Bildteppich aus Peru ist etwa 1000 Jahre alt. Ein Jaguar, dessen Gesicht betont hervorgehoben ist, wird von zwei stehenden Jaguaren im Profil flankiert.

Gebirgsjäger

ALTER LUCHS
Diese Luchsdarstellung entstand vor 500 Jahren in England.

Nordluchs, Rotluchs und Puma zählen zu den Kleinkatzen, wenngleich sie recht groß sind (der Puma ist die größte Kleinkatze). Ihr Körperbau aber gleicht dem der anderen Kleinkatzen, nicht dem der Großkatzen. Nordluchs und Rotluchs gehören der gleichen Gattung an und unterscheiden sich von allen anderen Katzen durch ihren kurzen Schwanz. Beide Luchsarten jagen etwa hasengroße Tiere. In Kanada zeigt sich eine große Abhängigkeit des Luchsbestandes von dem der Schneehasen, die die Hauptnahrung dieser Katze darstellen. Der Rotluchs ist eine auf Nordamerika beschränkte Art, den Nordluchs findet man in Nordamerika, Europa und Asien, den Puma in ganz Amerika. Zwar kommen Luchse auch in europäischen Wäldern vor, doch sie bevorzugen felsige Gebirgslandschaften bis zu 4500 m Höhe.

GEFANGEN
In Nordamerika ist die Jagd auf Rot- und Nordluchs noch erlaubt. In jedem Jahr werden etwa 70.000 Rotluchse für den Pelzhandel gefangen – oft in solchen Fangeisen. In Europa ist die Jagd auf die mittlerweile seltenen Luchse verboten.

Diese Darstellung des amerikanischen Naturmalers John James Audubon (1785-1851) zeigt einen Rotluchs bei der Körperpflege.

Kurzer Schwanz

Im Gegensatz zum Nordluchs besitzen die Ohren des Rotluchses nur kurze Haarpinsel.

Rotluchs

DER ROTLUCHS
Der Fleckenpelz tarnt den Rotluchs in seinem steinigen und gebüschbestandenen Lebensraum. Rotluchse sind Einzelgänger und jagen kleine Tiere. Bei schönem Wetter nehmen sie gern ein Sonnenbad, wenn sie sich sicher fühlen. In der Paarungszeit miauen sie wie Hauskatzen, nur lauter und schriller. Das Weibchen bringt die Jungen in einem Nest aus Gras und Moos im Schutz von Felsen zur Welt.

Der dicke Backenbart erinnert an eine Mähne.

Der Puma hat im Gegensatz zu den Luchsen einen langen, langhaarigen Schwanz mit schwarzer Spitze.

Die Hinterbeine sind länger als die Vorderbeine: Pumas sind ausgezeichnete Springer.

Die Fellfarbe des Pumas ist unterschiedlich, der Bauch aber ist immer hell.

DER NORDLUCHS
Der Luchs ist hervorragend an ein Leben in Bergwäldern und dichtem Gestrüpp angepaßt, wo sein ungeflecktes bräunliches Fell zwischen Moos und Felsen nicht auffällt. Die Haarbüschel an den großen Ohren dienen zur genauen Ortung einer Geräuschquelle. Die großen Füße sind im Winter ganz mit langem Fell bedeckt und wirken dann wie Schneeschuhe, so daß der Luchs nicht im Schnee versinkt.

Nordluchs im Sommerpelz

Nordluchs im Winterpelz

PUMAGOTT
Um 600 v.Chr. wurde in der Mochíca-Kultur in Peru der Puma als Gott verehrt. Dieser goldene Puma diente wahrscheinlich einem religiösen Ritual. Er ist mit Reihen doppelköpfiger Schlangen verziert.

DER PUMA
Der Puma oder Silberlöwe ist an den unwirtlichen, stürmischen Küsten Südamerikas ebenso zu Hause wie in den Bergen von Colorado im Westen der USA. Der Kletterkünstler Puma lebt versteckt in felsigem Gelände. Daher bekommt man ihn nur selten zu Gesicht, obwohl er auch am Tag aktiv ist. In seinem großen Revier legt ein Silberlöwe bei seinen Jagdausflügen oft viele Kilometer zurück.

SZENENWECHSEL
Zwar lebt der Puma hauptsächlich im Gebirge, doch man findet ihn auch im Amazonasregenwald.

Puma

Wüstenwanderer

Eine ganze Reihe von Katzen lebt in weiten, offenen Graslandschaften, in Trockensteppen oder gar in Wüsten. Der Löwe ist der größte Vertreter der Savannenbewohner. Zwei andere große Steppen- und Wüstenbewohner sind der Wüstenluchs oder Karakal und der Serval, zwei in Afrika und Westasien weit verbreitete Kleinkatzenarten. Sie sind wesentlich größer als die anderen steppenbewohnenden Katzen. Diese sind meist nächtliche Jäger und ernähren sich von kleinen Vögeln, Nagern, Eidechsen, Schlangen und Käfern. Ihre Beine sind länger als die der waldbewohnenden Arten. Dadurch sind sie über kurze Strecken sehr schnell, z.B. auf der Flucht vor größeren Räubern wie Hyänen. Den Namen Wüstenluchs erhielt der Karakal aufgrund seiner Haarpinsel an den Ohren, allerdings besitzt er einen längeren Schwanz als ein Luchs. Der Serval wurde und wird in Ostafrika von der angestammten Bevölkerung als Nahrung und für den westlichen Pelzhandel wegen seines Fells bejagt.

Schwarze Ohren mit 4-5 cm langen Haarpinseln

DER KARAKAL
Der Karakal ist in Westasien, Indien und Afrika verbreitet. Die zwei bis drei Jungen kommen in einem Erdbau, in Felshöhlen oder im dichten Gebüsch zur Welt. Wüstenluchse sind sehr stille Tiere, nur in der Paarungszeit rufen sie mit einem lauten Bellen nach einem Geschlechtspartner. Der Name Karakal stammt aus dem Türkischen und bedeutet „Schwarzohr".

VOGELFÄNGER
In Indien und Persien richtete man Wüstenluchse zur Hasen- und Vogeljagd ab. Der Karakal ist ein ausgezeichneter Vogelfänger. Manchmal springt er hoch und fängt einen Vogel mit seiner Pranke aus der Luft. Er kann gut klettern und sogar auf Bäumen rastende Greifvögel erlegen.

BIS ZUM HALS
Der Karakal lebt in Dornbuschsavannen, in Steppen und Wüsten, bevorzugt aber im hohen Gras.

Die langen, kräftigen Beine ermöglichen kurze, schnelle Spurts.

DER SERVAL
Der Serval ist eine der bemerkenswertesten Savannenkatzen. Mit seinem kleinen Kopf, dem gefleckten Fell und den langen Beinen erinnert er an einen kleinen Geparden. Er jagt kleine Tiere und bevorzugt Wassernähe. Seine Heimat ist Nordwest-, Zentral- und Südafrika. Wie der Karakal kann auch der Serval gut klettern und Vögel fangen.

DIE SANDKATZE
Diesen Bewohner der Sahara und Westasiens bekommt man selten zu Gesicht. Die Hitze des Tages verschläft die Sandkatze in einem Versteck. In der Nacht geht sie auf die Jagd nach Eidechsen und Rennmäusen. Sie kann ohne Wasser auskommen, die Flüssigkeit, die sie mit ihren Beutetieren aufnimmt, scheint ihr zu genügen. Mit dicken, haarbedeckten Sohlenpolstern kann sie auch im Wüstensand schnell laufen, und das Gelb ihres Fells verschmilzt mit der Farbe des Wüstensandes.

Kurzer geringelter Schwanz mit dunkler Spitze

Besonders lange Vorderbeine sorgen für Schnelligkeit.

Das kurze, dichte Fell hält die Katze nachts warm und tagsüber kühl.

Die Schwanzlänge beträgt ein Drittel der Körperlänge.

DIE SCHWARZFUSSKATZE
Diese kleinste wilde Katzenart lebt in Halbwüsten Südafrikas. Selbst neben einer Hauskatze erscheint sie wie ein Zwerg, ihr lautes Gebrüll aber erinnert an das des Tigers, ist nur eine Oktav höher. Ihren Namen erhielt die Schwarzfußkatze aufgrund ihrer schwarzen Sohlen.

Waldkatzen

Ozelot

Die meisten Kleinkatzenarten besiedeln die bewaldeten Gebiete aller Kontinente mit Ausnahme Australasiens. Wie alle Katzen mit Ausnahme des Löwen (S. 28-29) jagen auch die waldbewohnenden Kleinkatzen allein und überwältigen meist kleinere Tiere wie Mäuse oder Eidechsen. Sie fressen, was sie erwischen, und nehmen bei einer Mahlzeit große Mengen zu sich, um dann einige Zeit nicht jagen zu müssen. Die meisten dieser Katzen sind anmutige Tiere mit schönen gefleckten oder gestreiften Fellen, drahtigen Körpern und großen Augen für die nächtliche Jagd (S. 16-17). Sie sind sehr scheu und durch ihre Fleckenzeichnung zudem noch ausgezeichnet getarnt, so daß man sie selten zu Gesicht bekommt. Die Katzen der Wälder sind stille Tiere, nur Rivalen werden von den Männchen durch Miauen vertrieben. Diese hübschen Katzen sind praktisch alle vom Aussterben bedroht, weil immer mehr Waldgebiete gerodet werden und weil sie, trotz gesetzlicher Schutzmaßnahmen, noch immer wegen ihrer herrlichen Felle gejagt werden.

LANGSCHWANZKATZEN
Die Langschwanzkatze ähnelt einem kleinen Ozelot, doch sie ist schlanker, hat längere Beine und einen längeren Schwanz. Im Geäst der Urwaldbäume Südamerikas jagt sie Vögel.

DIE BENGALKATZE
Die Bengalkatze ist die häufigste Katzenart Südasiens. Größe und Aussehen erinnern an eine Hauskatze. Bengalkatzen können hervorragend klettern und schwimmen. Entsprechend findet man sie auch auf vielen küstennahen Inseln. In China heißt sie „Geldkatze", weil ihre Flecken an kleine Münzen erinnern.

DER OZELOT
Der Ozelot bevorzugt Waldgebiete, doch man findet ihn auch in Buschsavannen von Arizona bis Argentinien. Ozelots leben oft paarweise zusammen, jagen bei Tage und sind gute Schwimmer. Die Ozelots der Wälder sind dunkler als die der offenen Landschaften. In Mexiko nennt man sie *tigrillo*, „kleiner Tiger". Der Ozelot ist die meistgejagte Kleinkatze Südamerikas.

DIE FLACHKOPFKATZE
Über diese seltene Waldkatze Südostasiens weiß man nur sehr wenig. Sie bevorzugt Wassernähe und fängt hauptsächlich Frösche, Fische und Krebse. Ihr stupsnasiger Schädel wirkt gar nicht katzenhaft, und ihre kurzen Krallenscheiden können die Krallen nicht ganz verbergen.

Ozelot

Die Flecken am Schwanzgrund gehen in Ringe über.

DIE KLEINFLECKKATZE

Die Kleinfleck- oder Salzkatze wird in ihrer Heimat Argentinien und Bolivien auch „Bergkatze" genannt, denn sie bevorzugt felsiges Gelände und kommt bis in große Höhen vor. Den dichten Dschungel meidet sie ebenso wie die offene Pampa. Tagsüber schläft sie auf Bäumen, und sie ist auch ein guter Schwimmer.

Kleinfleckkatze

Die weißen Ohrenflecken dienen als Signale für Artgenossen.

Die dunklen Flecken ähneln denen des Ozelots, sind aber kleiner

Die von den weichen Zehenpolstern verborgenen Krallen sind scharf und spitz und gut zum Klettern geeignet.

KEIN PLATZ ZUM LEBEN

Wenn die Abholzung der Regenwälder im gegenwärtigen Ausmaß anhält, werden diese Lebensräume für immer verschwinden, und mit ihnen die dort beheimateten herrlichen Wildkatzen.

Windhundkatze

Der Gepard ist das schnellste Landtier der Welt. Von den anderen Katzen unterscheidet er sich in mehrfacher Hinsicht. So ist er kein Schleichjäger, sondern sprintet mit unglaublicher Geschwindigkeit auf seine Opfer – Antilopen oder Gazellen – los, um sie zu überrumpeln, mit den Vorderpfoten niederzuschlagen und mit einem Biß in die Kehle zu töten. Auch im Körperbau weicht dieser „Hund mit Katzenkopf" von seinen Verwandten ab: keine Krallenscheiden, lange Schenkelknochen, urtümliches Gebiß. Deshalb stellt man ihn in eine eigene Unterfamilie. Auch der Gepard schleicht sich erst einmal an seine Beute heran, bevor er mit der kräfteraubenden Hetzjagd beginnt. Er frißt auch Hasen, Perlhühner, gelegentlich gelingt es ihm sogar, einen Strauß zu reißen. Gepardinnen leben allein und verteidigen ihr Revier gegen andere Geparden. Nur in der Ranz dulden sie Männchen in ihrer Nähe. Im Gegensatz zu ihnen schließen sich Gepardenmännchen oft zu kleinen Gruppen zusammen, die ihr Revier ebenfalls aggressiv verteidigen, Eindringlinge können sogar getötet werden. In einer solchen Gruppe paart sich nur der Stärkste mit einem Weibchen.

Kleiner Kopf mit kurzen, rundlichen Ohren

BESCHLEUNIGT
Lange Beine und eine elastische Wirbelsäule befähigen den Geparden zum Geschwindigkeitsrekord unter den Landtieren: 96 km/h. Filmaufnahmen zeigen, daß der Gepard in nur 3 Sekunden von 0 auf 100 beschleunigen kann.

KEIN WETTRENNEN
Die Beschleunigung des Geparden ist vergleichbar mit der dieses Ferraris. Doch das Tier kann seine Höchstgeschwindigkeit nur etwa 300 m weit durchhalten.

SCHUHE MIT SPIKES
Wie der Hund benötigt auch der Gepard guten Halt beim schnellen Lauf. Daher hat er, anders als alle anderen Katzen, keine Krallenscheiden, in die er die Krallen zurückziehen kann. Die Krallen sind relativ stumpf, nur leicht gekrümmt und sehr dick.

Lange, schlanke Beine

Schmale Pfoten wie ein Hund

WANDERFAMILIE
Die Gepardenmutter bringt ein bis acht Junge zur Welt. Die Kleinen sind im hohen Gras gut verboren. Ein festes Zuhause haben sie nicht. Die Mutter trägt sie vielmehr alle paar Tage zu einem anderen Versteck.

Biegsamer, muskulöser Rücken

Muskulöse Schenkel

DER GEPARD
Geparden werden immer seltener. In Nationalparks werden sie ständig von Touristen gestört, und trotz gesetzlicher Verbote werden sie noch immer gewildert. Früher lebten Geparden in weiten Teilen Afrikas, Vorderasiens und Indiens, doch heute gibt es nur noch nennenswerte Bestände in Namibia und Simbabwe. Geparden jagen bei Tage und schleppen ihre Beute meist ins Gebüsch, damit sie nicht von Geiern oder anderen Raubtieren bei der Mahlzeit gestört werden.

Der gestreifte Schwanz ist mehr als halb so lang wie der Körper.

FÜR DIE JAGD
Früher richtete man Geparden als „Jagdleoparden" ab. Wenn man ihnen ihre Haube abnahm und sie losließ, jagten die Geparden hinter der Beute her und hielten sie fest, bis der Jäger sie tötete. Als Belohnung gab man ihnen die Innereien. Der indische Großmogul Akbar (1556-1605) soll 1000 Geparden gehalten haben.

BABYMÄHNE
Das Gepardenfell ist am Nacken und an den Schultern am dicksten. Bei den Erwachsenen fällt dies kaum auf, doch die Jungen haben eine richtige Mähne, wie dieser Stich aus dem letzten Jahrhundert zeigt.

MUSTERMUTANTE
Der „Königsgepard" aus Südsimbabwe wurde früher als eigene Art angesehen. Heute betrachtet man ihn als gelegentlich auftretende erbliche Zeichnungsänderung.

Katzenverwandtschaft

Die vielen verschiedenen Hauskatzenrassen gehen alle auf eine wilde Katzenart als Ahnherr zurück, die Wildkatze, *Felis silvestris*. Diese kleine Katze ist sehr anpassungsfähig, und lernte, in der Umgebung des Menschen zu leben. Die Wildkatze kommt in den Wäldern Europas, den Felsregionen Westasiens und den Savannen Afrikas in verschiedenen Formen vor. Die nordeuropäische Unterart der Wildkatze (*Felis silvestris grampia*) ist mit ihrem gedrungenen Körperbau und dem dicken Fell an ein rauhes Klima angepaßt. Die Falbkatze (*Felis silvestris lybica*) aus dem warmen Afrika ist feingliedriger und kurzhaariger. Die indisch-pakistanische Steppenkatze (*Felis silvestris ornata*) lebt in trocken-heißen Gebieten und besitzt in der Regel ein geflecktes Fall. Auch innerhalb der Unterarten gibt es Farbvarianten, und die Weibchen sind meist heller als die Männchen. Als Stammform unserer Hauskatzen gilt die ägyptische Falbkatze, doch durch Kreuzungen mit den jeweils ortsansässigen Wildkatzen bildeten sich in den Anfängen der Katzenhaltung regional verschiedene Rassen heraus.

Der Kopf ist breiter, die Schnauze länger als bei einer Hauskatze.

Der kurze Schwanz endet stumpf.

Schottische Wildkatze

WILDER SCHOTTE
Die Schottische Wildkatze lebt in geringer Zahl in den schottischen Wäldern, doch sie ist vom Aussterben bedroht, da sie sich mit verwilderten Hauskatzen kreuzt (S. 60-61). Diese Wildkatze erscheint wie eine große, plumpe Tigerkatze, ist aber aggressiver.

KLEINE WILDKATZEN
Wildkatzenwelpen gehen mit etwa 12 Wochen erstmals mit ihrer Mutter auf die Jagd, mit fünf Monaten sind sie selbständig. Anders als junge Falbkatzen sind schottische Wildkatzen schwer zu zähmen.

AFRIKANERIN
Die Falbkatze findet man in Wald und Wüste und sehr häufig auch in der Nähe menschlicher Behausungen. Sie ist recht zutraulich und kreuzt sich oft mit Hauskatzen: ihr Paarungsverhalten und ihr Miauen gleicht dem der Hauskatzen aufs Haar.

NICHT WÄHLERISCH
Die indische Steppenkatze kann sich mit Falbkatze, Europäischer Wildkatze und Hauskatze kreuzen. So könnte auch sie eine Rolle im Stammbaum der Hauskatze gespielt haben. Steppenkatzen besitzen einen langen Schwanz mit schwarzer Spitze und schwarze Fußsohlen. Sie jagen kleine Tiere wie Mäuse und Eidechsen.

Die ausgefransten Ohren sind möglicherweise auf viele Kämpfe zurückzuführen.

DER HERR IM HAUS
Die domestizierte Tabby-Katze unterscheidet sich kaum von ihren wilden Ahnen. Man sagt ihr nach, daß sie den Menschen gezähmt hat und nicht umgekehrt (S. 26-27).

Schleichkatzen
Ginsterkatzen und Zibetkatzen sind keine echten Katzen, wenngleich sie manchmal mit ihnen verwechselt werden. Sie gehören zur Raubtiergruppe der Schleichkatzen, zu denen auch die Mangusten (Mungos) zählen. Der Kopf erinnert äußerlich zwar an den einer Katze, unterscheidet sich von diesem aber im Schädelbau.

GINSTERKATZE
Der Schwanz ist viel länger als der einer Katze, die Kopfform aber ist katzenähnlich.

ZIBETKATZE
Ginster- und Zibetkatzen sind Waldbewohner und nächtliche Jäger mit einem gefleckten oder gestreiften Fell.

Steppenkatze

Die Zähmung der Katze

Wahrscheinlich zog es die ersten Katzen deshalb in der Nähe menschlicher Siedlungen, weil sie dort leicht die vielen Ratten und Mäuse jagen konnten, die sich von den Getreidevorräten der Menschen ernährten. Die Menschen erkannten bald den Nutzen der Mäusefänger und sorgten dafür, daß die Katzen immer wieder kamen. Man begann, Katzenkinder zu zähmen, und bald gehörte die Katze zur Familie. Schon vor 9000 Jahren sollen vereinzelt Katzen, wahrscheinlich Wildfänge, in Jericho gehalten worden sein. In der Blüte der ägyptischen Hochkultur, vor 3000 Jahren, war die Katze schon domestiziert (= ein Haustier), und man findet sie auf vielen ägyptischen Grabmalereien. Schließlich wurde die Katze zu einem der heiligsten Tiere Ägyptens. Der Katzenkult war wohl ein Grund dafür, daß man in Ägypten mit der Domestikation der Katze begann und die Falbkatze wahrscheinlich die Ahnherrin aller Hauskatzen ist (S. 44-45). Es kann jedoch auch sein, daß die Wildkatze in unterschiedlichen Gebieten der Erde etwa zur gleichen Zeit zum Haustier wurde. Heute begleitet die Hauskatze den Menschen auf der ganzen Welt.

KATZENMUMIE
Wenn eine der heiligen Katzen im alten Ägypten starb, balsamierte man den Körper ein und umwickelte ihn mit Tüchern. Die Katzen wurden in einem besonderen Grab beigesetzt. Als man im letzten Jahrhundert die ägyptischen Gräber ausgrub, fand man Millionen von derart konservierten Katzenmumien.

PERSER
Die wolligen, langhaarigen Katzen aus Persien (heute Iran), gehören zu den ältesten Hauskatzenrassen, wenngleich dieses innen hohle tönerne Katzenmodell aus dem 13. Jh. durch seine Bemalung eher an eine Fleckenkatze als an eine Langhaarkatze (S. 56-57) erinnert. Die meisten langhaarigen Züchtungen stammen von Katzen ab, die im 18. und 19. Jh. aus der Türkei und dem Iran in andere Länder kamen.

Ägyptische Mau

VOGELFÄNGER AM VESUV
79 n. Chr. brach der Vesuv aus und begrub die Städte Pompeji und Herkulaneum unter Lava und Asche. Dabei wurden Gebäude und Gegenstände des täglichen Lebens konserviert. In Pompeji fand man dieses hervorragend erhaltene Mosaik einer Katze, die einen Vogel gefangen hat.

EBENBILD DER URAHNEN
„Mau" ist das altägyptische Wort für Katze. Die Ägyptische Mau mit ihrem anmutigen, geschmeidigen Körper, den grünen Augen und der hellen Fellgrundfarbe entstand als bewußter Versuch, die Katzen auf den Wandmalereien der ägyptischen Gräber wiederzubeleben. Nur die Abessinische Katze (S. 52-53) gleicht diesen alten Katzen ebenso.

WIE HUND UND KATZ
Die jungen Griechen auf diesem Relief (480 v. Chr.) scheinen ihre Tiere zum Kampf anzustacheln. Sowohl der Hund als auch die Katze werden an der Leine geführt. Die Haltung des Hundes – eingeknickte Vorderbeine und erhobene Schnauze – zeigt, daß er nicht kämpfen will. Er will die Katze nur ärgern, deren Katzenbuckel Angriffsbereitschaft bedeutet.

JAGDKATZE
Eine Wandmalerei im Grab des ägyptischen Bildhauers Nebamun (um 1400 v.Chr.) zeigt den Toten bei der Vogeljagd am Nil. Dieser Ausschnitt zeigt Nebamuns Katze mit je einem Vogel im Maul und zwischen den Beinen. Sie apportiert die erlegten Vögel.

KATZENGÖTTIN
Die Katzenverehrung im alten Ägypten gipfelte im Kult der Katzengöttin Bast, die als Frau mit Katzenkopf dargestellt wird. Sie trug meist ein Sistrum (ein Musikinstrument) und eine Ägis (einen Schild) mit dem Kopf einer Löwin. Die fröhliche und gütige Göttin mochte es, wenn die Menschen tanzten und sich amüsierten.

Die heiligen Katzen zierten im alten Ägypten oft Schmuckstücke. Diese Karneolkatze ist in einen Goldring gefaßt.

SCHLANGENSCHLÄCHTER
Diese Illustration aus dem ägyptischen *Totenbuch* zeigt den Sonnengott Ra als Katze. Er tötet Apep, die Schlange der Finsternis.

Mythen und Märchen

GENOSSE KATZE
In russischen Märchen spielen Katzen eine bedeutende Rolle.

Seit die Katzen vor 3000 Jahren in Ägypten als heilig galten, haben sie in aller Welt immer wieder Eingang in Märchen und Sagen gefunden. Eine solche Berühmtheit als Märchenfiguren haben die Hunde nie erreicht. Ein Grund dafür ist wohl, daß Katzen so geheimnisvolle Wesen sind. Bei Tag sind sie sanft, schläfrig und zutraulich, nachts aber werden sie zu lautlosen Jägern. In vielen Ländern Europas wurden im Mittelalter Katzen in großer Zahl grausam getötet, weil man glaubte, sie seien mit dem Teufel im Bunde. Im Fernen Osten erging es ihnen besser. So schrieb man ihnen z.B. in Myanmar (Birma) gute Zauberkräfte zu.

Auch auf See hatten sie einen guten Ruf, nicht nur weil sie die Ratten an Bord kurzhielten, sondern auch weil viele Seeleute glaubten, Katzen könnten Stürme vorhersagen.

SEELENWANDERUNG
In der westlichen Tradition hält man Katzen für seelenlose Wesen. Im Fernen Osten aber glaubt man, sie könnten sich nach dem Tode zu Überwesen verwandeln. Im Buddhismus hält man sie für den Aufenthaltsort der Seelen besonders religiöser Menschen.

BIRMAKATZE
Die Birmakatze gilt in Myanmar als heilig. Der Sage nach wurde ein birmesischer Tempel angegriffen und der Oberpriester getötet. Seine weiße Lieblingskatze sprang auf seinen Kopf und wurde zu einer Birmakatze. Die Pfoten, die den Priester berührten, blieben weiß – ein Zeichen der Güte. Dieses Wunder ermutigte die übrigen Priester, den Angriff zurückzuschlagen.

KATZENWAGEN
In der frühen Renaissance wuchs in Europa das Interesse der Menschen an der nordischen Liebesgöttin Freya, deren Streitwagen von Katzen gezogen wurde. Um den heidnischen Glauben aus den Gedanken der Menschen zu vertreiben, veranlaßte die Kirche die Tötung vieler Katzen.

HEXENHELFER
Zwischen etwa 1400 und 1700 glaubte man in Europa weithin, daß der Teufel oder Teufelsdiener in Katzengestalt Hexen aufsuchen und daß sich Hexen in Katzen verwandeln würden. Daher verfolgte und verbrannte man die Katzen wie die Hexen. Im französischen Metz verbrannte man über 400 Jahre lang Katzen, um den Veitstanz auszutreiben.

BONDKATZE
Ernst Blofeld, der Erzfeind des Geheimagenten 007, trat James Bond immer mit einer weißen Perserkatze entgegen.

DER GESTIEFELTE KATER
In Südfrankreich glaubten die Menschen an Zauberkatzen, die *matagots*. Am berühmtesten und auch vielen anderen Völkern bekannt ist der Gestiefelte Kater, der seinem Herrn ein Vermögen und eine Prinzessin als Frau einbrachte.

Europäisch Kurzhaar, schwarz

SCHWARZE MAGIE
Der Aberglaube, daß schwarze Katzen Glück oder Unglück bringen, ist und war je nach Zeit und Ort ganz unterschiedlich. So glaubt man hierzulande, daß eine schwarze Katze, die den Weg kreuzt Unglück bringt, in Großbritannien glaubt man genau das Gegenteil.

Edelkatzen

Das Emblem des *British National Cat Club* wurde 1887 von Louis Wain entworfen.

Seit Mitte des 19. Jahrhunderts züchtet man bestimmte Katzentypen nach einem Rassestandard. Es entstanden Vereine, die die Standardmerkmale für „Edelkatzen" festlegen und die einzelnen Typen vergleichen. Heute gibt es Rassen, die kaum noch an ihre wilden Vorfahren erinnern, und es fällt schwer, in den preisgekrönten Edelkatzen ein wildes Tier mit einem Jagdinstinkt zu entdecken. Doch die typischen Verhaltensmuster lassen sich nicht wegzüchten, wenngleich es manchmal den Anschein hat. Edelkatzen, die in großer Zahl in Katzenfarmen für den Verkauf gezüchtet werden, zeigen oft Verhaltensstörungen. Wenn eine Katze ein zutraulicher Freund werden soll, muß man mit ihr von klein auf Kontakt suchen und sich mit ihr unterhalten. Wächst sie zunächst ohne diesen Kontakt zum Menschen auf und wird dann mit sechs Wochen von ihrer Mutter weggenommen und in eine Menschenfamilie gegeben, erscheint sie neurotisch. Oft führt man ihr seltsames Verhalten darauf zurück, daß sie hochgezüchtet ist oder eben ein adeliges Temperament hat. Doch in Wahrheit ist es nur falsche Erziehung und eine zu frühe Trennung von der Mutter.

PREMIERE
Harrison Weir organisierte 1871 in London die erste Katzenausstellung der Welt (hier mit der Siegerin, einer jungen Perserkatze).

VORHANG AUF
Die Katzenaustellungen waren sicherlich ein Ansporn für die Züchtung der vielen verschiedenen Katzenrassen, doch es gibt auch Stimmen gegen solche Zuchtexperimente. Diese siegreiche Birmakatze aber scheint mit ihren vielen Trophäen nicht unglücklich zu sein.

GUT FRISIERT IST HALB GEWONNEN
Bei Langhaarkatzen ist das regelmäßige Kämmen und Bürsten wichtig, damit die Haare nicht verfilzen und alte Haare entfernt werden. Bei einer Ausstellung ist eine gepflegte Haartracht natürlich besonders wichtig.

Orangerotes Fell

Gedrungener Körper

RED SELF
Diese Langhaarkatzen sind sehr selten. Das rote Fell darf keine Schattierungen oder Tabbyzeichnungen aufweisen. Im Unterschied zu anderen Persern hat diese Abart ein Pekinesengesicht.

Die Ohren sind oft durchscheinend.

Der Körper ist muskulös, aber anmutig.

Das „vornehme" Profil der Russisch Blau: Kopf keilförmig, Nase gerade, Ohren groß und zugespitzt

Russisch Blau

Weit auseinanderstehende, beinahe türkisfarbene Augen

BLAUBEHAART
Die Russisch blaue Katze hatte schon viele Namen, z.B. Spanische Katze und Malteserkatze. Doch man nimmt an, daß es sich um eine russische Rasse handelt. Im 16. Jh. kam sie nach Großbritannien. Eine der berühmtesten ihrer Rasse war Vaschka, die Katze von Zar Nikolaus I.

Lange, zartgliedrige Beine mit kleinen ovalen Pfoten

Das dicke Doppelfell steht ab, weil es so dicht ist.

Langer, spitz zulaufender Schwanz

Kräftige Hinterbeine

Große runde, kupferfarbene Augen

Red Self

Kleine, runde Ohren

DER VIERZEHNTE GAST
1898 dinierten dreizehn Personen im berühmten Savoyhotel zu London. Ein Gast wurde bald darauf getötet. Dadurch erfüllte sich der Aberglaube, daß 13 eine Unglückszahl sei. In den 20er Jahren beauftragte man den Bildhauer Basil Ionides, eine etwa 1 m große hölzerne Katze zu schnitzen. Heute sitzt Kater Kaspar im Savoy an jedem Tisch mit 13 Personen, und man serviert ihm das ganze Menü.

Die Red Self hat ein ganz anderes Profil als die Russisch Blau. Die flache Nase verursacht bei manchen Tieren Atembeschwerden.

Kurze, schwere Beine

Kurzhaarkatzen

Die wilden Mitglieder der Katzenfamilie haben ein kurzes Fell. Katzen, die auf sich selbst gestellt sind, brauchen einen pflegeleichten Pelz, der sich nicht in Zweigen verheddert, auf der Flucht vor Feinden hinderlich ist oder in dem sich Krankheitserreger einnisten können. Auch bei den Hauskatzen sind die Erbanlagen für kurzes Fell dominant. Bei den kurzhaarigen Edelkatzen unterscheidet man heute im wesentlichen drei Gruppen: Europäisch Kurzhaar, Amerikanisch Kurzhaar und Exotisch Kurzhaar. Die Europäischen Kurzhaarkatzen sind stämmig und muskulös und haben kurze Beine. Wenngleich die amerikanischen von europäischen Hauskatzen abstammen, die mit den ersten Siedlern nach Amerika kamen, sind dort andere Zuchtrichtungen eingeschlagen worden. Die Amerikanisch Kurzhaar sind etwas größer und haben längere Beine. Auch nach Australien kamen Europäische Katzen mit den ersten Siedlern. Die heute beliebtesten Kurzhaarkatzen zählen zu den Exoten. Sie sind schlanker als die Europäer, besitzen einen kleineren Kopf und längere Beine. Am bekanntesten sind die Siamesen und die Abessinier. Doch Nicht-Edelkatzen ohne adeligen Stammbaum sind oft genauso hübsch.

Amerikanische Porträts wie dieses von Ammi Phillips (1788-1865) zeigen oft auch das Haustier.

KATZEN UND KITSCH
Zu Beginn dieses Jahrhunderts zierten niedliche Kätzchen oft Geburtstagskarten. Garnrollen sind auch heute noch Lieblingsspielzeug junger Hauskatzen.

Die großen, spitzen Ohren stehen weit auseinander.

Mandelförmige grüne Augen

ABESSINIER
Der Ursprung der Abessinischen Katze ist unbekannt, doch sie hat große Ähnlichkeit mit den Katzen der ägyptischen Pharaonen. Die anmutigen Abessinier züchtet man heute in vielen Farben, so z.B. in wildfarben (braunrot), creme, rot, blau, lila (grau mit Rosaschimmer) und silber.

Kleine ovale Pfoten mit schwarzen Sohlen

Langer Schwanz mit schwarzer Spitze

Die langen Ohren sitzen weit oben am Kopf.

Herzförmiges Gesicht mit runden, hellgrünen Augen

Die Statur ist stämmig, das Fell dreifarbig.

SCHILDPATT-WEISS
Das Fell dieser hübschen Europäischen Kurzhaarkatzen ist schildpatt (schwarz, rot und creme) mit größeren weißen Flecken. Diese beliebte Farbe ist schwer zu züchten. Um sie zu erhalten, muß man ein schildpattfarbenes Weibchen (schildpattfarbene Kater gibt es nur wenige, und diese sind unfruchtbar) mit einem einfarbig schwarzen, roten oder cremefarbenen Kater kreuzen.

Wenn die Katze den Rücken krümmt, treten die Fellhaare auseinander.

Kleine ovale Pfoten mit blauen bis lavendelfarbigen Sohlen

AUSBLICK
Von ihrem Platz am Fenster kann diese Tigerkatze alle Vorgänge im Zimmer und draußen beobachten. Nicht reinrassige Katzen sind oft weniger nervös als Edelkatzen und in der Regel gute Haustiere.

KORAT
Die Korat stammt aus Thailand und gilt den Bewohnern der Korat-Hochebene schon lange als Glücksbringer. In den 50er Jahren kam diese Rasse erstmals in die USA und erst zwanzig Jahre später nach Europa. Sie ist sanftmütig und etwas nervös, hat ein herzförmiges Gesicht und einen rauchblauen Pelz.

BURMESIN
Wie bei den Abessiniern gibt es auch bei den Burmakatzen eine große Farbenvielfalt. Den heutigen Burmesen ähnliche braune Katzen sollen schon im 15. Jahrhundert in den Tempeln von Myanmar gelebt haben. Burmesen sind anschmiegsam und intelligent; sie hassen das Alleinsein und liegen gern auf Betten.

Fortsetzung auf Seite 54

Fortsetzung von S. 53

MR. UND MRS. CLARK UND PERCY
Seit Leonardo da Vinci haben Katzen immer wieder Eingang auch in die abendländische Kunst gefunden. Auf diesem Gemälde von David Hockney sieht man Freunde des Malers, Ossie Clark und seine Ex-Frau Celia Birtwell, mit ihrer Katze Percy, die praktisch im Mittelpunkt des Bildes steht.

HOFFNUNG BEFLÜGELT
Diese Katze riecht, daß ein Vogel im Käfig war.

Creme-weiße Katze

HAUPTPERSON: EIN KATER
In *Old Possums Katzenbuch* beschreibt T.S. Eliot charaktervolle Katzen. Die Hauptperson, der schwarze Kater Mr. Mistofelis, ist eine rechte Zauberkatze.

Buschiger Schwanz mit Ringelzeichnung

ZOE DE BELLINGCOURT
Dieses Mädchenporträt stammt von dem schottischen Maler George Watson (1767-1837). Damals hielt man Katzen für die zu einer jungen Dame passenden Haustiere.

NEUE FARBEN
Bei der Russisch blauen Katze versuchte man, ganz weiße oder ganz schwarze Tiere zu züchten. In Neuseeland ist diese Katzenrasse besonders beliebt.

KATZENKOPF
Dieses außergewöhnliche Beispiel naiver Malerei aus Amerika zeigt einen übergroßen Katzenkopf mit einem Vogel im Maul. Vielleicht entstand das Bild als Familienemblem. Bei den ersten Siedlern fehlten Katzen jedenfalls in kaum einem Haus.

SIAMESE
Seit Jahrhunderten leben in Thailand (früher Siam) Katzen, die den Siamkatzen ähneln. Die ersten kamen 1880 nach Großbritannien als Geschenk des Siamesischen Hofes an den britischen Konsul. Siamkatzen sind sehr intelligent, laut und oft sehr eifersüchtig.

Dünner, spitz zulaufender Schwanz

Lange, spitze Ohren

Tigerkatze

Dickes gepflegtes Fell

Strahlende Augen sind ein Zeichen von Gesundheit

Lange, schlanke Beine

Kleine, zarte Pfoten

KLEINER TIGER
Ohne Zuchtwahl treten Tabbyzeichnungen („gestromt" oder getigert) häufiger auf als alle anderen Fellmuster. Diese Streifenzeichnung kommt der der Wildkatzen nahe und vererbt sich am durchschlagendsten. Nicht-Rassekatzen sind meist sehr verträglich, wie man an diesen beiden Tieren sieht.

Langhaarkatzen

Vereinszeichen nach einem Entwurf des französischen Malers, Schriftstellers und Katzenfreundes Jean Cocteau (1889-1963)

Alle wilden Katzen haben ein Doppelfell (S.14-15), das, wie bei allen Säugetieren, in kälteren Regionen länger und dichter ist als in warmen Ländern. Doch unter den Wildkatzen erreicht nur der Manul annähernd die Haarlänge und Felldicke einer langhaarigen Hauskatze. Denn für eine Katze in freier Natur ist ein langes Fell nur hinderlich (S. 52-53). Da Langhaarkatzen aber für den Menschen sehr attraktive Tiere sind, werden sie gern gehalten. Die wohl häufigste Langhaarkatzenrasse sind die Perser. Man nimmt an, daß diese Rasse in den letzen Jahrhunderten mehrfach aus Westasien nach Europa kam. Heute wird Perser oft gleichgesetzt mit Langhaarkatze. Eine sehr alte Rasse ist die Angorakatze, die aber gegen Ende des 19. Jh. von den Perserkatzen aus dem Züchterinteresse verdrängt wurde. Langhaarkatzen sind in der Regel sanfte Naturen und angenehme Hausgenossen, doch sie brauchen mehr Pflege als kurzhaarige Rassen.

BIRMAKATZE
Die Birmakatze besitzt einen relativ langen Körper, ihre Zeichnung erinnert an eine Siamkatze. Nach der Legende stammt sie von einer weißen Tempelkatze ab (S. 48-49), ihre wahre Abstammung kennt man nicht. Stammutter der westlichen Birmakatzen ist eine trächtige Birmakatze, die 1919 als Geschenk nach Frankreich kam.

ANGORA
Der Name dieser Katze weist auf die türkische Stadt Angora (= Ankara) hin, die auch der Angoraziege und dem Angorakaninchen ihren Namen gab.

Große, runde weiße Pfoten

Halskrause

Kurze Schnauze, lange Nase mit rosa Nasenspitze

TÜRKISCHE KATZEN
Die Türkische Katze oder Van-Katze ist überhaupt nicht wasserscheu. Sie badet ausgesprochen gern. Der Name Van-Katze weist auf ihre Herkunft hin: im Gebiet um den Vansee im Südosten der Türkei züchtet man diese Rasse schon seit einigen Jahrhunderten.

Langer, fedriger Schwanz

„Mürrischer" Gesichtsausdruck durch Längsfalten im Gesicht

Der Schwanz endet in einem stumpfen Quast.

MANUL
Diese Wildkatze wurde vor etwa 200 Jahren von dem deutschen Naturforscher Peter Simon Pallas im Gebiet um das Kaspische Meer entdeckt. Ihr für eine wilde Katze ausgesprochen dichtes, langes Fell wärmt sie im rauhen Klima ihrer Heimat. Früher hielt man den Manul für den Vorfahren der Perserkatzen, doch heute gilt diese Theorie als unwahrscheinlich.

PEKINESENPERSER
Perser mit Pekinesengesicht sind in Nordamerika seit über 50 Jahren bekannt, in Europa jedoch selten. Besonders die Fellfarbe rot ist schwer zu erhalten. Durch das eingedrückte Gesicht neigen diese anhänglichen Tiere leicht zu Atembeschwerden.

MAINE COON
Die Maine-Coon-Katze ist die älteste amerikanische und eine sehr schwere Rasse. Ihren Namen verdankt sie dem Staat Maine an der Ostküste der USA und dem Aberglauben, sie sei eine Kreuzung aus Katze und Waschbär (engl. *coon*). Doch sie stammt von Hauskatzen der amerikanischen Siedler und Angorakatzen ab, die Seeleute aus Europa mitbrachten.

Kräftige Beine mit großen runden Pfoten

Farbiger Holzschnitt der amerikanischen Künstlerin Elizabeth Norton (1887-1985)

Kuriositätenkabinett

GRINSEMIEZEKÄTZCHEN
Auf diesem Bleiglasfenster sieht man Gestalten aus *Alice im Wunderland* von Lewis Caroll (1832-1898), den Herzkönig, die Herzkönigin und den Grinsekater.

Erst in unserem Jahrhundert züchtet man Katzen auf besondere Eigenschaften hin, z.B. bestimmte Fellfarben, große Ohren, kurze oder fehlende Schwänze oder ein flauschiges Fell. In dieser relativ kurzen Zeit ist eine Vielzahl von Rassen entstanden. Veränderungen im Erbgut können auch bei wilden Katzen auftreten, doch diese würden wahrscheinlich sterben, ehe sie die abnormen Eigenschaften weitervererben könnten. Bei Hauskatzen aber kann man durch Inzucht und Zuchtwahl alle möglichen Abwandlungen erreichen. Wenn man den Nachkommen dann besondere Pflege angedeihen läßt, können diese die gewünschten Eigenschaften weitergeben. Manchmal sind Kuriositäten der Natur wie der weiße Tiger oder Züchtungen wie die Burmillakatzen, eine Kreuzung zwischen Burmesen und Chinchilla (chinchillafarbenen Perserkatzen) vollkommen gesund. Doch sehr oft führt Inzucht zu schwerwiegenden gesundheitlichen Problemen. So stellt sich die Frage, ob man ständig neue Rassen züchten sollte.

DIE SPHINX
Diese Nacktkatze mit ihrem wildlederartigen „Fell" entspricht sicherlich nicht jedermanns Schönheitsideal. Der Stammvater dieser Rasse wurde 1966 als einziges nacktes Junges einer ganz normalen schwarz-weißen Hauskatze geboren.

DEVON REX
Auch die Rexkatzen gehen auf zufällige Mutationen zurück. So stammen die Cornish und Devon Rex von zufällig mit lockigem Fell ohne Grannenhaare geborenen Katzen aus Cornwall bzw. Devon ab. Die German Rex aus Berlin hat noch einige gelockte Grannenhaare.

Das lockige Fell ist kurz und weich. Es liegt dicht am Körper und besitzt keine Deckhaare.

Devon Rex

Der Kopf ist keilförmig, die Nase relativ lang und etwa von der gleichen Farbe wie das Fell. Die Ohren sind groß mit rundlichen Enden, die Augen mandelförmig.

Selbst der Schnurrbart ist gelockt.

EULERICH UND MIEZEKATZ
Freundschaft zwischen Katze und Vogel ist unwahrscheinlich. In Edward Lears (1812-1888) heiterem Gedicht jedoch heiraten ein Eulenmann und eine Katze – und wenn sie nicht gestorben sind, dann leben sie noch heute.

LIGER UND TIGONEN
In Gefangenschaft kommt es gelegentlich zur Paarung zwischen Tigern und Löwen. Ist der Vater ein Tiger, nennt man das Junge Tigon, bei einem Löwenvater Liger. Diese Bastarde sind gesund, aber unfruchtbar. In München gelang jedoch die Kreuzung eines Ligerweibchens mit einem Löwen und die Aufzucht des Jungen.

Langer, biegsamer Schwanz

MANXKATZE
Ein schwanzloses Kätzchen kann in praktisch jedem Wurf auftreten. Aus solchen Mutanten entstand schon vor über 200 Jahren die Manx- oder Mankatze. Ihren Namen erhielt sie von der Isle of Man, einer Insel vor der Nordwestküste Englands. Sie stammt zwar nicht ursprünglich von dieser Insel, ist aber dort, vielleicht durch inselbedingte Inzucht, sehr häufig.

Schwarz-creme-orange-weiße Fellfleckung

Manxkatzen sind nicht immer ganz schwanzlos (Rumpy). Es gibt auch Riser mit wenigen fühlbaren Wirbeln, Stubby (Stummelschwanz) und Longy (kurzer Schwanz).

Kräftige Hinterbeine

IN SCHWARZ-WEISS
Der weiße Tiger war einst im Norden und Osten Mittelindiens nicht selten, heute gibt es nur noch wenige Exemplare. Wie bei anderen „Albinos" werden bei dieser Mutation keine oder weniger dunkle Hautfarbstoffe gebildet.

SCHLAPPOHR
Hängeohren sind bei Hunden recht häufig, bei Katzen selten. Doch wie das Fehlen eines Schwanzes kann auch ein hängendes Ohr zufällig auftreten. Von einem weißen Kätzchen, das 1961 mit Hängeohren geboren wurde, leitet sich eine neue Rasse ab, die Schottische Hängeohrkatze (*Scottish Fold*).

Straßenkater

Illustration aus *Das Leben der vierbeinigen Tiere* von Edward Topsell, 1607

In jeder Stadt gibt es ein verborgenes Tierleben mit Jägern und Beutetieren. Katzen jagen Tauben, Ratten, Mäuse und Schaben in Hinterhöfen und in der Kanalisation und suchen Essensreste in den Müllkontainern der Restaurants. Auch diese Stadtkatzen haben ihre Reviere. Sie kriechen in Keller, Schuppen oder Lagerhäuser oder klettern auf Dächer. Straßenkater markieren und verteidigen ihr Revier genauso wie wilde Katzen. Auch die Weibchen haben Reviere und suchen sich ein sicheres Plätzchen zum Kinderkriegen. Darüber, ob solche herrenlosen und verwilderten Katzen nützlich sind oder ob sie ein Problem darstellen, gehen die Meinungen auseinander. Sie beseitigen Abfall und halten Ratten und Mäuse kurz. Doch sie können auch Krankheiten übertragen, wenn sie überhandnehmen. Denn die Natur regelt die Überbevölkerung der Katzen auf ihre Weise: Krankheiten, Seuchen, Aggressivität, Kampf ums Überleben im wörtlichen Sinne oder Verhungern. In manchen Städten fängt man daher die Katzen, sterilisiert sie und läßt sie dann wieder frei. Sie können weiter ihr Straßenleben führen, sich aber nicht mehr fortpflanzen.

KATZEN AUF DEM HEISSEN BLECHDACH
Streunende Katzen klettern oft auf Dächer. Die hochgelegenen Reviere sind vor dem Zugriff des Menschen sicher. Solche Dachkatzen zeigt diese Karikatur des Franzosen Grandville (1803-1847) mit dem Titel *Das Herzeleid einer englischen Katze.*

Das leicht verfilzte Fell zeigt, daß die Katze nicht gepflegt wird.

Tigerstreifen sind ein Grundmuster des Katzenfells.

TIGERKATZENTEMPERAMENT
Seltsamerweise hängt das Temperament einer Katze mit der Fellzeichnung zusammen. Stadtkatzen müssen ruhig und gelassen sein. Tigerkatzen und schwarz-weiße Katzen haben das richtige Naturell fürs Stadtleben.

Das Ohr ist zerfetzt und vernarbt: Zeichen geschlagener Schlachten.

Das Auge ist beschädigt: Ergebnis eines Kampfes oder einer falschen Ernährung.

STRASSEN-KÄMPFER
In den USA gibt es um die 58 Millionen Katzen, in Deutschland fast 5 Millionen. Es fällt schwer, normale Hauskatzen von verwilderten Tieren zu unterscheiden. In der Regel sind solche Straßenkatzen nervöser und scheuer als Haustiere. Sie laufen eher davon und sind oft zerzaust, haben zerschlissene Ohren, Wunden und Narben von häufigen Auseinandersetzungen.

HINZ ODER KUNZ?
Wenn eine Katze in die Hitze kommt (S. 24-25), kann sie sich in kurzen Abständen hintereinander mit mehreren Katern paaren. Das hat zur Folge, daß ihre Kinder verschiedene Väter haben können. So brachte eine Siamkatze einen Wurf mit den verschiedensten Nichtrassekatzen und einem reinrassigen Siamesen zur Welt.

Verwildert
Eine ganze Reihe von Säugetierarten wurde vom Menschen domestiziert, d.h. in den Hausstand übernommen. Für viele von ihnen bedeutet das das Aus. Wenn Haustiere verwildern, paaren sie sich mit der Stammform, so daß das reinrassige Wildtier ausstirbt. Auerochsen und Wildpferde gibt es nicht mehr, Wildkatzen stehen auf der Roten Liste.

ENTFLOHEN
Verwilderte Katzen sind der Obhut des Menschen entflohen und leben wie ihre wilden Vorfahren. Auch auf Inseln findet man oft von Seeleuten eingeschleppte verwilderte Katzen, die dort großen Schaden anrichten können.

KATASTROPHE
Diese Leute in Paris demonstrieren gegen die geplante Vernichtung der Straßenkatzenpopulation in Paris. Sie glauben, daß dies einer Katastrophe gleichkäme und das ökologische Gleichgewicht nicht nur in Paris, sondern in ganz Frankreich zerstören würde.

Katzenpflege

Katzen haben ihre eigene Persönlichkeit und ihre eigenen Bedürfnisse. Man sollte eine Katze möglichst ins Freie lassen, damit sie ihr Revier erkunden und abstecken und etwas Gras fressen kann. Gras ist für ihre Verdauung wichtig. Katzenklappen in der Tür schaffen der Katze größtmögliche Freiheit bei geringstmöglicher Belastung für den Katzenhalter. Allerdings können dann auch fremde Katzen ins Haus kommen. Die meisten Menschen bevorzugen kastrierte Hauskatzen, wenn sie nicht gerade Katzen züchten wollen. Der Tierarzt berät über das richtige Alter für eine Kastration oder Sterilisation. Auch sollte man seine Katze gegen Katzenstaupe und Tollwut impfen lassen. Beide Krankheiten können tödlich verlaufen. Junge Katzen sind oft unwiderstehlich, doch bevor man sich eine Katze anschafft, sollte man bedenken, daß sie über 20 Jahre werden kann und in dieser Zeit ständiger Pflege und Zuwendung bedarf.

Auf Postkarten aus dem letzen Jahrhundert sind oft junge Katzen und Hunde abgebildet.

KATZENBÜRSTE
Alle Katzen, besonders Langhaarkatzen, sollte man regelmäßig bürsten, sonst verschlucken sie beim Lecken zu viele Haare. Diese können sich im Magen als Haarball sammeln und die Katze krank machen.

Wasserschüssel

KATZENFUTTER
Katzen brauchen täglich Fleisch oder Fisch. Auch harte Kekse sind gesund: sie dienen zum Reinigen und Kräftigen der Zähne und Kiefer. Frisches Wasser sollte man der Katze immer zugänglich machen, besonders, wenn man ihr Trockenfutter gibt. Milch hingegen kann zu Magenbeschwerden führen.

FUSS-ABSTREIFER
Katzen müssen ihre Krallen reinigen (S. 26-27). Ein Stück Holz, eine Fußmatte oder ein Kratzpfosten sind dazu geeignet.

Schaumkelle

Futternapf

Sand oder Katzenstreu

Katzenklo

KATZENKUSCHELECKE
Als territoriales Tier braucht die Katze ihren eigenen Schlafplatz. Leider besetzt sie oft den besten Sessel oder das Bett. Das liegt wohl eher daran, daß diese vertrauenerweckend riechen, als daran, daß sie so kuschelig sind.

ZUM EINGRABEN
Man kann alle Katzen dazu erziehen, ein Katzenklo zu benutzen. Man muß allerdings die Toilette täglich leeren und die Streu wechseln.

SPIELZEUG
Katzen sind sehr verspielt. Oft reicht ein Papierknäuel, um sie lange zu beschäftigen. Katzenspielzeug sollte niemals Schnüre besitzen, in denen sich die Katze verfangen und strangulieren kann.

HALSBAND
Manche Katzenhalter meinen, Katzen sollten kein Halsband tragen, weil sie damit an Ästen oder Zweigen hängenbleiben. Doch aus einem elastischen Halsband können sie sich notfalls befreien. In großen Städten sollten Katzen ein Halsband mit Erkennungsmarke tragen.

AUF REISEN
Katzen hassen es, wenn man sie aus ihrem Revier reißt. Sie bemerken schon lange im voraus, wenn ihre Besitzer in Urlaub fahren wollen. Oft ist es besser, die Katze zu Hause zu lassen und jemanden mit der Pflege zu beauftragen. Ist dies nicht möglich, sollte man das Tier in einem sicheren Katzenreisekorb mit seiner Lieblingsdecke mitnehmen. An den Korb muß sich die Katze schon einige Zeit vorher gewöhnen.

Das Frontgitter kann sicher verschlossen werden.

KATZENKORB
Die wenigsten Katzen nehmen einen Schlafkorb an, wenn er nicht richtig, d.h. nach ihrem Besitzer riecht. Daher legt man den Katzenkorb zuerst mit Zeitung aus, damit keine Zugluft hindurch kann, und gibt dann eine alte Decke oder ein Kleidungsstück hinein, damit die Katze sich heimisch fühlt. Katzenschlafplätze müssen flohfrei gehalten werden, im Notfall kann man ein Insektengift verwenden, das für die Katze unschädlich ist.

LUFT UND LIEBE
Eine Katze braucht nicht nur Futter, sie braucht auch Zuwendung. Als Gegenleistung bringt auch sie ihrem Besitzer Zuneigung entgegen. Vor allem alte und einsame Menschen wissen eine Katze zu schätzen.

Register

A
Abessinier 17, 25, 46, 52-53
Ägypten 46-47, 48, 52
Ägyptische Mau 46
Altes Testament 29
Amazonas 34-35, 37
Amerikanisch Kurzhaar 52
Analdrüsen 14, 21
Angorakatze 56
Audubon, John James 36
Aussterben 8, 11, 30, 34, 40-41, 44
Azteken 35

B
Bengalkatze 40
Benin 33
Birma (siehe Myanmar)
Birmakatze 48, 50, 56
Blake, William 30
Brechschere 12-13
Burmesen 53, 58
Burmilla 58

C, D
Caroll, Lewis 58
Chinchilla 58
Cocteau, Jean 56
Colorado 37
Cornish Rex 58
da Vinci, Leonardo 54
Daniel 29
Devon Rex 58
Dinictis 9
Domestikation 46, 58
Duftdrüsen 20-21, 27

E
Edelkatzen 50, 57
Eliot, T.S. 54
Elisabeth I. 16
Eozän 8
Europäisch Kurzhaar 49, 52
Evolution 8, 26
Exotisch Kurzhaar 52

F
Falbkatze 39, 44-45
Felidae 6, 40
Felis catus 10, 44
Felis leo 10
Felis silvestris 10, 44, 46
Fischkatze 23
Flachkopfkatze 40
Florenz 32
Fossile Katzen 8, 9, 11

G
Ganku, Kishi 31
Gehirn 13, 14-15, 25
Gehör 14-15, 16-17
Gepard 6, 7, 10-11, 15, 18, 23, 32, 42-43, 45
Geruch 14, 17, 22, 25, 26
Geruchs-Geschmackssinn 14, 16
Geschmackssinn 17
Gesichtssinn 17
Ginsterkatze 45
Gleichgewicht 18, 19
Gozzoli 32
Grandville 60
Großkatzen 11, 18, 20, 23

H, I, J
Herakles 29
Herkulaneum 46
Hiroshige, Ando 21
Hockney, David 54
Hoplophoneus 9
Inkas 34
Ionides, Basil 51
Iran (siehe Persien) 38, 46
Isle of Man 13, 59
Jacobsonsches Organ 14, 16
Jagd 7, 11-12, 18, 22-23, 24, 26, 28, 32, 55
Jaguar 6, 10, 14, 33, 34-35
Japan 7, 21, 24, 31, 44, 48
Junge 18, 24-25, 32, 43

K
Karakal 38
Kaspisches Meer 57
Kipling, Rudyard 7, 33
Kleinfleckkatze 41
Kleinkatzen 10, 12, 16, 18, 20, 22-23
Krallen 7, 11, 12, 15, 20, 27, 41-42
Kurzhaarkatzen 49, 52-55

L
La Brea 8
Landseer, Edwin 8
Langhaarkatzen 50, 56-57, 62
Langschwanzkatze 40
Lear, Edward 58
Leopard 10-11, 14, 18, 22, 24, 32-33
Liger 59
Lindisfarne Gospels 6
Linné 10, 44

Löwe
Löwe 8, 10-11, 13, 14-15, 25, 27, 28-29, 30, 32, 28, 40, 59
Lucca, Herzog von 32

M
Maine Coon 57
Malteserkatze 51
Manul 56-57
Manxkatze (=Mankatze) 13, 59
Medici 32
Menschenfresser 31
Metz 49
Miacis 9
Muybridge, Eadweard 19
Myanmar (Birma) 48, 53

N, O
Nacktkatzen 58
Nebamun 47
Nebelparder 10-11
Nebukadnezar 29
Neuseeland 55
Nikolaus I, Zar 51
Nordluchs 10, 36-37, 38
Norton, Elizabeth 57
Oligozän 9
Ozelot 14, 40

P
Paarung 24-25, 42, 61
Pallas, Peter Simon 57
Patagonien 34, 41
Pelzhandel 14, 32, 36, 38, 40, 43
Perserkatzen 13, 46, 49, 50, 56
Persien (siehe Iran)
Pflege 50, 62-63
Pompeji 46
Puma (Silberlöwe) 10, 25, 36-37
Putzen 20-21

R
Ra 47
Raubtiere 6, 8, 10, 18, 43, 45, 62
Red Self 50-51, 57
Eckzähne 8, 9, 12, 13, 28
Renaissance 29, 32, 49
Reviere 20, 26-27, 28, 30-31, 32, 34, 37, 42, 60, 62
Rotluchs 10, 13, 24, 36
Rousseau, Henri 30
Rudel 6, 7, 18, 21, 22, 24, 26, 28
Russisch Blau 51, 55

S
Säbelzahnkatzen 8, 9
Sandkatze 39
Schneeleopard 10, 12, 33
Schneidezähne 13
Schnurren 12, 15
Schnurrhaare 6, 15, 16-17
Schottische Hängeohrkatze (Scottish Fold) 59
Schottische Wildkatze 44
Schwarzer Panther 14, 22-23, 33
Schwarzfußkatze 10, 39
Serval 14, 23, 38-39
Siamesen 25, 52, 55, 56, 61
Sibirischer Tiger 6, 30
Simbabwe 43
Sinne 10, 15, 16-17, 18
Skelett 6, 12-13, 15
Smilodon 8, 9
Southhampton, Graf von 16
Spanische Katze 51
Stadtkatzen 60
Steppenkatze 45

T
Tapetum lucidum 16
Tarnung 6, 14, 30, 32, 36, 40
Tastsinn 14, 17, 20
Thylacosmilus 8
Tiger 10-11, 12-13, 14, 18-19, 23, 24, 30-31, 32, 58-59
Tigerkatzen 6, 10, 26, 44-45, 53, 55, 60
Tigon 59
Topsell, Edward 60
Tower von London 16
Türkische Katze 56

V, W, Z
Van-Katze 56
Verhalten 26-27, 50
Verständigung 20, 26, 29, 32
Verwilderte Katzen 44, 61
Vesuv 46
Wain, Louis 50
Watson, George 54
Weir, Harrison 50
Weißer Tiger 58-59
Wildkatze 10, 39, 44-45, 46
Wüstenluchs 38
Zähne 8, 9, 10, 12-13, 23, 28
Zauberei 48-49
Zibetkatze 45
Zuchtwahl 58
Zunge 14, 17, 20

Bildnachweis

o = oben; u = unten; l = links; r = rechts; m = Mitte

Animals Unlimited: 53u; Ardea: R.Beames 40m; K.Fink 40or; Bridgeman Art Library: rückwärtiger Einband l 2. von u, 28om, 62ol; Bibliothèque Nationale, Paris 28ou; Chadwick Gallery, Warwicks 52m; National Gallery, London 30ol Detail; National Gallery of Scotland 54ul; Victoria & Albert Museum, London 20ol; mit freundlicher Erlaubnis des British Museum 6or, 22ul, 31or; Sammlung des Herzogs von Buccleuch & Queensberry KT: 16ol Detail; Jean Loup Charmet: 7or; Bruce Coleman Ltd: 57or; Jen & Des Bartlett 13m, 23ul, 25m, 28m; Jane Burton 16mu; Jane Burton & Kim Taylor 16ml; Eric Creighton 26ml; Gerald Cubitt 39ur, 43ur; G.D. Plage 24ml; Hans Reinhard 12m, 16ol, 25ul, 40mr, 42-43; Norman Tomalin 45ul; Konrad Wothe 22ur; Rod Williams 11m, 33mu; Gunter Ziesler 42mr, 43ol; E.T. Archive: 24or, 62ur, @ Sheila Roberts 1971, 63om; Mary Evans Picture Library: 10ml, 19o, 27ol, 58ur; Werner Forman Archive: 33u, 35or; Freer Gallery of Art, Washington: 21ol Detail, Acc. Nr. 04.357; Robert Harding Picture Library: 49ul; Marc Henrie: 50ml; Mr & Mrs Clark & Percy" 1970-1, @ David Hockney /Foto Tate Gallery; 54ol; Michael Holford: vorderer Einband or und l 2. von o, 31ol, m, 35u, 37m, 47or, 47ur, 48ml; Hulton-Deutsch Collection: 30u; Hutchinson Library: 34m, Image BAnk: 54ml; Images Colour Library: 47ul, 48ol, 58ol; Kobal Collection: 11ml, 22o, 49mr; M.R. Long: 9m; LYNX: 36or; Mansell Collection: 13ul; Metropolitan Museum of Art: 57u; Museum of American Folk Art: 52o; National Gallery of Art, Washington: 55or (Geschenk von Edgar William & Bernice Chrysler Garbisch); National History Museum: 8ol, ul, 12ul, 13ol, ur, 33m, 35m, 36mr, 37m, 38m; Natural History Photographic Agency: Agence Nature 18ul; Anthony Bannister 42u; Nigel Dennis 45ol; Patrick Fagot 19mr; Peter Johnson 14ml, 45ml; Stephen Krasman 16or; Gérard Lacz 12ol, 58or, 59ul; Northampton Historical Society, Mass.: 15om; Oxford Scientific Films: 37ol, 39ol; Roy Coombes 27m; Sean Morris 41u; Richard Packwood 12mu; Kjell Sandved 59ur; Bernard Schellhammer 53mr; Quadrant Picture Library: 42 mu; mit freundlicher Erlaubnis des Savoyhotels: 51mr; Scala: Palazzo Medici Riccardi, Florenz 32ul Detail; Museo Nationale, Neapel 46ol; Nationalmuseum, Athen 47ol; Spectrum Colour Library: 8ur; Frank Spooner Pictures: 61ur; Survival Anglia; Dieter & Mary Plage 32ol; Alan Root 27or; Maurice Tibbles 14or; Amoret Tanner: 28ol; Victoria & Albert Museum Picture Library: 43or Detail; Zefa: 16mo; E. & P.Bauer 23ul, 38ul; M.N.Boulton 11ul; Bramaz 63ur; G.Dimijian 21mr; D.Kessel 35ol; Lummerc 20ur; Orion 19mu

Illustrationen: Dan Wright

Fachausdrücke:

Albino nennt man ein Tier, dem in Haut und Haar Farbstoffe fehlen.

Chromosomen sind fädige Strukturen im Zellkern, Träger der Erbinformationen.

Dominant sind Merkmale, die sich gegenüber rezessiven Merkmalen bei den Nachkommen durchsetzen.

Gene sind die Abschnitte der Chromosomen, die eine bestimmte Erbinformation tragen.

Gestromt sind Katzen mit der klassischen Räderzeichnung. Sie haben breite Streifen und Flecken. **Getigert**e Katzen dagegen haben feinere Streifen und (fast) keine Flecken. Die Übergänge sind fließend, daher gebraucht man heute international die Bezeichnung **Tabby** (s.u.).

Mutation ist eine Veränderung der Erbinformation z.B. durch Strahlung oder auf natürliche Weise durch Zufall.

Mutanten nennt man Nachkommen, die gegenüber ihren Eltern eine Veränderung des Erbguts aufweisen.

Rezessiv sind Merkmale, die nur bei den Nachkommen in Erscheinung treten, die von beiden Eltern die gleiche rezessive Anlage erhalten haben.

Schwärzlinge (Melanisten) sind besonders dunkle Tiere einer Art. Bei ihnen sind im Gegensatz zu den Albinos besonders viele Farbstoffe in Haut und Haar vorhanden.

Tabby heißen in England alle gestromten (s.o.) und getigerten Katzen (Tigerkatzen). Der Begriff ist international gebräuchlich geworden.

Wildfarben (=Agouti, =Ticking) nennt man die verschiedenfarbige Bebänderung des einzelnen Katzenhaares. Als Gesamtfarbe erscheint das Fell meist rotbraun.

Zuchtwahl ist die Auslese und Kreuzung von Tieren durch den Menschen, die ganz bestimmte Merkmale / Eigenschaften aufweisen.